音频叙事的崛起：有声书产业及智慧数据研究

吴诺曼 著

四川大学出版社

图书在版编目（CIP）数据

音频叙事的崛起：有声书产业及智慧数据研究 / 吴诺曼著. -- 成都：四川大学出版社，2025. 4. -- ISBN 978-7-5690-7675-2

Ⅰ. G252.17-39

中国国家版本馆 CIP 数据核字第 2025MR1915 号

| 书　　名：音频叙事的崛起：有声书产业及智慧数据研究
Yinpin Xushi de Jueqi: Youshengshu Chanye ji Zhihui Shuju Yanjiu
著　　者：吴诺曼

选题策划：梁　平　敬铃凌
责任编辑：梁　平
责任校对：李　梅
装帧设计：裴菊红
责任印制：李金兰

出版发行：四川大学出版社有限责任公司
　　　　　地址：成都市一环路南一段 24 号（610065）
　　　　　电话：（028）85408311（发行部）、85400276（总编室）
　　　　　电子邮箱：scupress@vip.163.com
　　　　　网址：https://press.scu.edu.cn
印前制作：四川胜翔数码印务设计有限公司
印刷装订：成都市新都华兴印务有限公司

成品尺寸：148mm×210mm
印　　张：4.5
字　　数：120 千字

版　　次：2025 年 4 月 第 1 版
印　　次：2025 年 4 月 第 1 次印刷
定　　价：58.00 元

本社图书如有印装质量问题，请联系发行部调换

版权所有　◆　侵权必究

前　　言

在撰写这部关于有声书产业及其与人工智能技术融合的著作时，我不禁回想起自己的童年时光。夏天坐在凉席上、摇着扇子听收音机的祖父，是带我走进有声空间的第一位向导。那时，有声故事是我们获取知识和获得快乐的重要途径。如今，随着科技的飞速发展，有声书的广泛传播已经超越传统广播的局限，成了一个全新的文化现象。

在这本书的前言中，我想与读者分享一些个人的感受和思考。首先，我要感谢这个时代，它让我们有机会见证并参与到这场文化与科技的盛宴中。有声书的兴起，不仅是阅读方式的一次革新，更是我们获取知识和信息方式的一次深刻变革。其次，我也要感谢那些在有声书产业发展中作出贡献的先驱者。他们的远见和努力，为我们今天能够获得如此丰富多样的有声内容奠定了基础。最后，我要向那些在人工智能领域不断探索和创新的科学家及工程师致敬。他们的工作，给有声书的创作和传播带来了惊人的技术跃迁，成为重塑产业的变革性力量。

在这本书中，我试图从多个角度探讨有声书产业的发展。我将带领读者回顾有声书的起源，分析它在不同文化和社会背景下的演变，以及它如何与人工智能技术相结合，创造出新的阅读体验。作为一名图书馆员，我还关心有声书的目录和数据如何影响用户的使用体验，在本书中探讨了有声书元数据质量的改进方案，并探索人工智能背景下智慧数据的生成路径，希望为这个行

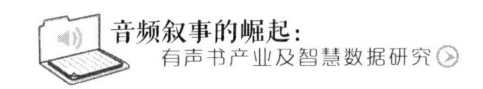

业贡献一份自己的力量。

随着技术的持续进步，社会对阅读的重视不断提升，我相信有声书将会以更加丰富的形式出现在我们的生活中。无论形式如何变化，阅读的核心价值——获取知识、启迪思考、丰富心灵——是永恒的。我希望能够通过这本书，让读者对有声书有更深入的了解，同时为学术界同仁提供一个研究视角，期待专业人士对这一领域进行更深入的探索，发表更精彩的洞见。我希望与读者一起，见证有声书产业的蓬勃发展，并享受文化与科技的深度融合所带来的丰硕成果。

最后，我想衷心感谢这本书的所有支持者和指导者。感谢我为之工作了二十个年头的四川大学图书馆，这里有浓厚的终身学习氛围，有各自在信息资源管理领域身怀绝技的同事，尤其是图书馆近年来在师生中大力倡导的人工智能教育，让我得以不断学习和成长；感谢我的家人，不仅因为他们对我写作的理解和支持，更因为他们和我一样，都是有声产品的重度用户，无论是享受文学、获取资讯，还是学习外语，音频都是每个家庭成员离不开的精神口粮，本书的写作也是由此发端；感谢本书编辑，他的专业意见让本书更加完善；感谢有声书的创作者和听众，是每一位有声书的热爱者让这个声音的宇宙充满活力。

在写作过程中，我深知自己学识有限，研究的不足和错误之处在所难免，恳请读者、专家、同行在阅读过程中提出宝贵意见，以便我能够不断改进。衷心希望这本书能够成为我们共同探索有声书世界的一个契机。

著　者

目　　录

绪　论 ………………………………………………………… 1

第1章　有声书的起源与发展 …………………………… 9
  1.1　有声书的起源与早期形态 ………………………… 9
  1.2　有声书的现代发展 ………………………………… 11
  1.3　数字时代的有声书产业 …………………………… 15

第2章　中国有声书早期历史及产业发展历程 ………… 18
  2.1　中国有声书早期历史 ……………………………… 18
  2.2　中国有声书产业发展历程 ………………………… 20

第3章　中美有声书产业对比分析 ……………………… 27
  3.1　市场规模与用户基数对比 ………………………… 27
  3.2　内容风格对比 ……………………………………… 30
  3.3　出版模式与版权管理对比 ………………………… 32

第4章　有声书元数据方案探析 ………………………… 39
  4.1　Audible和喜马拉雅的目录体验对比 …………… 39
  4.2　有声书元数据著录元素分析 ……………………… 44
  4.3　以有声书平台元数据现状考察DC的适用性 …… 46
  4.4　有声书元数据著录元素设置方案探讨 …………… 48

第 5 章　AI 时代有声书产业智慧数据生成路径探析 …… 55
- 5.1　人工智能发展历程 …… 55
- 5.2　AI 技术在音频产业及有声书领域的应用 …… 56
- 5.3　有声书产业智慧数据生成路径探析 …… 65
- 5.4　有声书产业现存痛点与智慧数据解决策略探讨 … 69
- 5.5　智慧数据应用于有声书产业的全流程分析 …… 73

第 6 章　AI 技术与智慧数据在有声书产业的应用案例 …… 84
- 6.1　亚马逊的 Whispersync for Voice 技术 …… 84
- 6.2　Spotify 的个性化推荐算法 …… 87
- 6.3　喜马拉雅平台的 AIGC 技术 …… 91
- 6.4　科大讯飞的墨水屏有声书 …… 98

第 7 章　有声书产业发展策略与建议 …… 102
- 7.1　技术创新与应用 …… 102
- 7.2　有声书产业版权挑战与对策 …… 107
- 7.3　智慧数据建设的关键问题 …… 112

第 8 章　结论与展望 …… 120
- 8.1　研究总结 …… 120
- 8.2　展望 …… 127

参考文献 …… 129

绪　论

在这个信息爆炸的时代，人们的生活方式和获取知识的手段正经历着前所未有的变革。传统的纸质书阅读似乎与现代人的生活渐行渐远，而人工智能技术的兴起，正在重新定义我们与信息互动的方式。

早在20世纪50年代，有识之士已经预见到在未来社会中媒体将对人类思想和社会结构产生深刻影响。美国作家雷·布拉德伯里的科幻小说《华氏451》描绘了一个人们被四面电视墙包围，称屏幕里的影像为"家人们"，而书籍则被焚毁、阅读成为罪行的反乌托邦世界。20世纪80年代出版的《娱乐至死》一书，将电视娱乐大行其道的时代和纸质阅读蔚然成风的年代进行比较，民众表现出来的智识水平差异令人触目惊心。作者尼尔·波兹曼警告人们，娱乐化的信息传递方式会削弱我们的思考能力，使人类走向愚蠢。

反观今天的社会，现实似乎正在印证作家们的预言，随着数字媒体和互联网的普及，我们面临着比波兹曼时代更加复杂和多元的媒介环境。信息过载导致注意力分散，即时通信导致信息碎片化，而短视频、直播间带动的娱乐和消费风潮越来越具有魔力，可以轻而易举地将人们带离书本和文字。传统的长时间深度阅读作为一种学习和生活方式，正日渐边缘化。

"媒介即信息"是加拿大学者马歇尔·麦克卢汉提出的著名理论。对此，尼尔·波兹曼在《娱乐至死》一书中用大量例证做了深入分析。他指出，每一种媒介都有一种隐蔽的偏向，会通过强大的暗示能力逐渐影响我们的观念，从而深刻地改变人类的生活和社会结构。波兹曼特别强调了印刷媒介如何塑造了逻辑性、顺序性和理性思考的能力，而电子媒介则以其快速和图像化的特点，改变了公众的感知和认知方式。近年来 AI 技术的飞速发展，似乎正进一步加剧这种趋势。AI 不仅能够迅速处理和分析海量数据，还能为用户即时提供答案和解决方案，这种"即插即用"的知识获取方式带来了便捷和效率，同时也带来一种危机，那就是自主思考和深入探索动力的丧失。

我们不禁追问：阅读如何在这个时代复兴？书籍的未来走向何方？

当我们担忧传统阅读方式的衰落时，近年来有声书产业的异军突起，为我们提供了一种全新的视角。

"收听"曾经是人们一种庞大的文化需求。过去数十年，多媒体的蓬勃生长将人们的"收听"需求暂时淹没包围。如今，人们蓦然发现，我们的感官和时间都不够用了。于是，有声书以其解放眼睛、支持多任务操作的伴随属性赢得人群青睐，"听书"再次成为新潮的生活方式。

作为一种融合了声音和文字的媒介形式，有声书继承了印刷媒介的深度和内涵，同时利用声音的魅力，为阅读提供了一种更为灵活便捷的途径。它不仅解放了读者的双眼，使得阅读可以在多任务并行中进行，还通过声音的韵律和情感，增强了内容的表现力和用户阅读的沉浸感。

有声书被誉为继纸质书、电子书之后的"第三种出版力量"，使得阅读不再局限于纸质书籍，而是可以随时随地以"泛在"的方式进行。这种变化不仅为阅读的复兴提供了可能，也为文化的传播和知识的普及开辟了新的途径。以"耳朵经济"为标志的有声书产业的兴起，让我们看到了传统阅读习惯在现代社会中的适应与嬗变，以及媒介技术在促进文化传播和知识普及方面的潜力。在信息科技日新月异的时代，唯有一面对现代媒介的"隐喻作用"保持警醒，一面对科技善加利用，人类才能免于技术的反噬和批判性思维的丧失，并且借助工具的赋能，推动文明向着更高层次迈进。

曾经，有声书以广播、随身听的形式伴随过人们的生活，而现代有声书产业，借助人工智能技术的推动，已经进入一个全新的时代。AI 技术的快速发展，特别是在语音识别、自然语言处理和深度学习等方面的发展，不仅为音频内容的自动化创作、个性化推荐和智能交互提供了技术支撑，而且显著提升了音频内容的质量并改善了用户体验。

AI 的语音合成技术（Text to Speech，TTS）自动将文本转换为语音，不但减少了人工录制的成本和时间，而且在音色表现、自然还原度方面取得了惊人成就。目前，国内头部有声平台喜马拉雅利用 TTS 技术，成功复现了已故评书大师单田芳的声音，不仅延续了大师生前未录制完成的专辑，并且用于演绎《明朝那些事儿》等新时代流行作品。该平台利用 AI 合成的单田芳专辑已超过 80 张，总收听量超过 1 亿人次。与此类似，微软、谷歌和"古腾堡计划"发起了一个有声书转换项目，利用 AI 的 TTS 技术，将"古腾堡计划"包含的接近 6 万本电子书全部转化为有声读物，并免费向公众开放。

AI 技术的另一大优势是利用机器学习算法，分析用户的收听习惯和偏好，提供个性化的内容推荐。例如亚马逊推出的 Amazon Personalize 推荐系统，通过分析用户的收听历史、评分、搜索习惯和购买模式来预测用户可能感兴趣的作者或作品，实现了大规模实时个性化推荐。

此外，AI 驱动的智能助手通过自然语言处理技术（Natural Language Processing，NLP）可以与用户进行流畅的对话，提供更加丰富的互动体验。近年来，苹果、谷歌、百度、小米等公司纷纷推出了自己的智能语音助手，用户可以通过语音向 AI 助手提问、发送指令、点播歌曲或书籍的音频内容，受到市场欢迎。

在音频编辑和后期制作中，人工智能同样表现出色。AI 不仅可以自动识别和清除音频中的背景噪声，提高音质的清晰度，还可以根据音频内容自动生成字幕或进行语言翻译，打破语言障碍，让全球用户都能享受到优质的音频内容。

随着技术的不断进步和应用的不断拓展，一个更加智能、便捷、个性化的有声内容生态正在形成，将为人类社会的知识传播和文化繁荣开启新的篇章。

根据美国音频出版商协会（Audio Publishers Association, APA）的统计数据，2022 年美国有声书产业规模为 18 亿美元（折合人民币约 127.44 亿元），销售额已经连续 11 年保持两位数的同比增长率，53% 的美国人（约 1.4 亿人）是有声书用户[1]。

数据显示，近年来中国有声书产业以每年 30% 的增速蓬勃发展[2]。截至 2023 年的统计表明，有声书产业市场规模已超过 100 亿元人民币，用户规模超过 4 亿[3]。2024 年 4 月，喜马拉雅平台发布了《2024 春季有声阅读数据报告》。报告显示，2023 年喜马拉雅听书用户数增长 10%，人均年播放专辑数达 27 张。截至 2023 年底，喜马拉雅围绕有声阅读累积作品总时长超过 4161 万小时。有声阅读覆盖全年龄段，过半用户每天听书 30 分钟以上，超六成用户年听书量在 11～30 部。关于用户年龄的统计显

---

[1] 徐永倩：《美国有声书销售额连续 11 年增长》，《出版商务周报》，2023 年 7 月 9 日第 24 版。

[2] 艾媒大文娱产业研究中心：《2020 年中国有声书行业发展趋势研究报告》，https://www.iimedia.cn/c400/75882.html。

[3] 管小红：《2023 年中国有声读物行业发展全景洞察：市场蓬勃发展，有望成为下一个出版产业蓝海的风口》，https://www.chyxx.com/industry/1154439.html。

示,40岁以下占比达到了76%,30岁以下也超过了总用户的三分之一,年轻化趋势显著。此外,高黏度优质付费用户在一线、新一线经济发达城市的占比更高,一、二线城市占比超过了59%[①]。

从全球来看,中国和美国是位居前两位的有声书市场,多年来一直保持快速增长。2020年,全球有声书市场规模达35亿美元,其中,中国有声书市场规模为10亿美元,美国为13亿美元。另据业内专家的数据,印度有声书市场规模约为5亿~10亿美元。2021年,英国听书人数比2020年增长2个百分点,全年有声书销量同比增长约13%[②]。

有声书产业不仅在全球范围内发展迅速,而且在中国显示出巨大的市场潜力和用户基础,对于我国全民阅读新生态的建构具有重要意义。作为一种结合了文字与声音特性的媒介,有声书在一定程度上保留了文字阅读的深度和内涵,而声音媒介的生动性和感染力使文本的表达更加丰富和立体,增强了阅读体验的沉浸感。

根据针对2020年中国有声书用户阅读量的调查,一年阅读4~7本书与一年阅读8~11本书的用户群体比例各占比三成,与一年收听4~7本书和一年收听8~11本书的用户群体比例高度近似。年均阅读数量和年均听书数量的分布特征相似,说明有声书已经成为这个时代人们阅读的重要媒介[③]。

不仅如此,在信息爆炸的时代,有声书提供了另一种获取知

[①] 徐萧:《〈2024春季有声阅读数据报告〉发布:年轻化趋势愈发明显》,https://www.thepaper.cn/newsDetail_forward_27123443。

[②] 渠竞帆:《海外出版商创意发掘有声书市场》,《中国出版传媒商报》,2021年12月3日第9版。

[③] 艾媒大文娱产业研究中心:《2020年中国有声书行业发展趋势研究报告》https://www.iimedia.cn/c400/75882.html。

识的渠道，对于那些视觉疲劳或长时间使用电子设备的现代人来说，有声书是一种更有利于健康的选择。而对于视力受限人群如盲人、老人，以及阅读困难人群如学前幼儿、读写困难症患者和低教育群体，有声书为他们提供了友好的阅读阶梯，有助于实现阅读的平等化和普及化。

对于那些在快节奏生活中难以抽出时间静心阅读的人们，有声书提供了门槛更低的阅读途径，它让书籍的内容得以在通勤、锻炼、家务等多类场景中被消费，使声音成为一种随时随地的陪伴性力量，带给忙碌的现代人以心灵慰藉和思想启迪。

除此之外，有研究表明，听觉学习可以激活大脑的多个区域，包括语言处理、情感反应和记忆形成等，这种多感官的参与有助于加深对信息的理解和记忆。"听书"无需依赖视觉图像，可以促使听众更加专注于内容的内在逻辑和深层含义，在脑海中构建场景和形象，从而激发想象力和创造力。

尤其对于外语学习者来说，"听、说、读、写"能力中的"听"永远应被置于最优先，怎么强调都不过分。传统的外语学习方法，片面注重语法和文字阅读，过分依赖书面材料，造成了大量"哑巴外语"现象。随着语言教学理念的不断更新和针对二语习得理论的不断深入研究，越来越多的教育专家和学者开始认识到，以听力训练为起点，让学习者沉浸在大量的语音材料中，才是掌握一门外语的真正捷径。

近年来大量实践案例证明，通过持续的听力训练，人不仅能够增强对语言的敏感度，还能够在实际对话中更快地做出反应，更准确地把握语言的细微差别。听力通关，也将为口语、阅读、写作能力的发展铺平道路，打下坚实基础，达到事半功倍的效果。因此，语言教学专家和卓有成效的学习者普遍认为，学习外语，应把百分之九十的精力花在"听"上面。

当越来越多的人认识到"听"的重要性，有声书在外语学习领域将有更加广阔的应用前景。除了英语，其他语种的学习也日益被社会重视和提倡。目前，日语、俄语、德语、法语、西班牙语也被列为国家高考科目，供考生选择。有声书作为一种新兴的教育资源，小语种这一品类在市场上的供应却远远不能满足需求，表现为内容单一、更新缓慢、获取渠道有限、数量严重不足。这同时也表明，在语言学习领域，有声书的市场潜力巨大。

综上所述，有声书作为一种新兴的阅读媒介，其出现并不仅仅是对传统纸质阅读形式的补充，它在更深层次上代表了阅读习惯与文化消费模式的演进与创新。与传统阅读相比，有声书以其独特的传播方式和接受机制，为全民阅读提供了新的理论视角和实践路径。

欧美国家的有声书产业起步早、发展较为成熟，有许多可供借鉴的经验，中国作为后来居上的有声书大国，发展势头迅猛，同时也面临着诸多问题。本书将针对有声书产业的发展历程、中外市场对比、用户体验、产业趋势等方面进行研究，为有声书产业的健康发展提供科学依据和实践参考。

在人工智能技术的推动下，有声书产业正经历着前所未有的变革。AI的深度学习、自然语言处理和语音识别技术，不仅极大地提升了有声书的制作效率和质量，还使得个性化推荐和智能交互成为可能，为用户提供了更加丰富和便捷的阅读体验。AI技术的应用，让有声书不再局限于传统的录音模式，而是通过TTS技术实现了文本到语音的自动转换，降低了制作成本，提高了内容的可及性。同时，AI的机器学习算法能够分析用户的收听习惯和偏好，提供定制化的内容推荐，进一步增强用户的阅读体验。此外，AI驱动的智能助手通过自然语言处理技术与用户进行流畅的对话，使得点播、搜索和管理有声书内容变得更加直观和智能。

随着产业的快速发展，海量的数据随之产生，AI时代的数

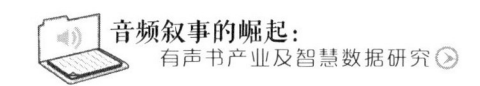

据量级和传统时代早已不可同日而语。如何有效管理和利用与有声书相关的元数据、建设智慧数据，成为产业发展的关键。元数据的丰富性和准确性直接影响到有声书的检索、推荐和用户体验；而智慧数据的分析和应用，则关系到有声书内容的个性化定制和市场策略的制定。

因此，本书不仅将对中外有声书产业的发展历程进行系统化的梳理，对海内外市场的现状和特点进行对比分析，还将从数据治理的角度，深入探讨 AI 时代背景下，有声书元数据标准的优化方案，以及在此基础上的智慧数据生成路径，以促进有声书产业的可持续发展和创新。

第 1 章　有声书的起源与发展

1.1　有声书的起源与早期形态

有声书，又称作有声读物，英文为 Audiobook 或 Talking book，是一种结合了文本和声音的媒介形式。它不仅保留了传统纸质书籍的文本内容，并且通过声音的表达，为听众带来了更为生动和沉浸式的阅读体验。

追溯有声书的起源，学术界普遍认为它始于 20 世纪。若考察中外文明都共同拥有的"听书"传统，有声书的起源甚至可追溯至人类文明的远古时期。广播和唱片是最近一百多年才出现的事物，在此之前，有声书以口头传播的方式存在（见图 1-1）。

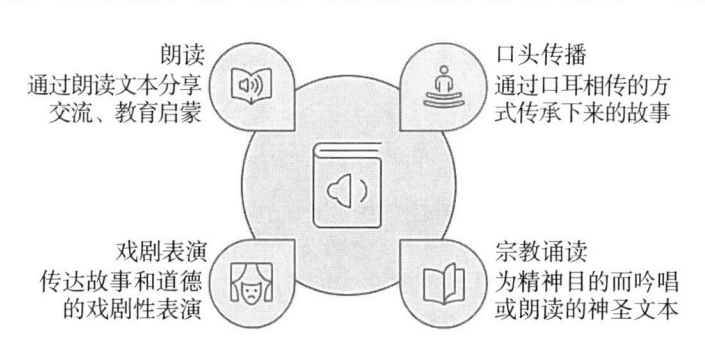

图 1-1　有声书的早期形态

在文字发明之前，口头传播是人类文明传承的主要方式。这

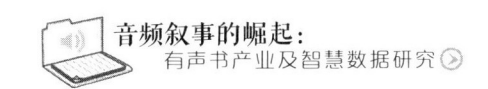

种传播依赖于人们的记忆和复述能力,将历史、神话、传说和智慧通过口口相传的方式保存下来。例如,古希腊的荷马史诗《伊利亚特》和《奥德赛》,被认为是口头诗歌传统中的杰作。它们通过吟游诗人的传唱,跨越了数个世纪,最终被书写记录下来。同样,古代中国的《山海经》、古代美索不达米亚的《吉尔伽美什史诗》、英语的《贝奥武夫》、德语的《尼伯龙根之歌》,也都经历了从口头到书面的传播过程。

宗教诵读与吟唱是另一种古老的有声书形式。在识字率普遍不高的古代社会,这些宗教诵读活动,通过声音的力量,加强了经文的传播和影响力,对社会群体而言,宗教诵读活动也承担着教育的功能。

戏剧与曲艺是古代社会中重要的文化和教育形式。在中国,评书和相声等曲艺形式,通过表演者的口才和表演技巧,将故事和道理生动地展现给听众。

而印度的梵唱,通过音乐和节奏的配合,传达了宗教和哲学的深刻内涵。

在这些表演艺术中,文本往往占据重要地位。伴随着音乐和节奏,文本的表现力和感染力得到了增强。这些表演不仅提供了娱乐,也是知识和价值观传播的重要途径。

随着印刷术的发明和书籍的普及,朗读成了一种新的有声书形式。家庭朗读和公共朗读会等形式,使得文字作品得以通过声音被更多人接触和欣赏。朗读不仅是一种分享和交流的方式,也是一种教育和启蒙的手段。在中国古代,私塾先生通常会带领学生朗读《三字经》《百家姓》《千字文》等,以此来教授语言和文化知识。在西方的教育历史上,朗读同样是训练修辞和演讲能力,以及进行人文主义教育的重要手段。

在 20 世纪之前,口头传播、现场表演作为有声书的早期形态,虽然受时空限制,受众数量有限,但"听书"的方式在一定程度上降低了阅读门槛，普及了文化，体现了口头传播在文明传承中的重要作用。随着技术的发展，有声书逐渐从口头传播转向了更为广泛的媒介形式。

1.2　有声书的现代发展

唱片的出现成为人类记录声音历史上的里程碑。20世纪20年代，英国皇家盲人学院（Royal National Institute of the Blind，RNIB）开始为在第一次世界大战中失明的士兵制作有声书，以录音唱片的方式传播，旨在帮助视障人士继续享受阅读的乐趣，为他们提供教育和娱乐资源[1]。这些早期的有声书通常是在78转/分钟的唱片上录制的，内容包括文学作品、教育材料和新闻。录音技术在当时还相对原始，但这一尝试为后来有声书的发展奠定了基础。该举措是全球最早的有声书制作尝试之一，它不仅对视障人士的生活质量产生了积极影响，也推动了有声书技术的进步和普及。

1931年，美国盲人基金会（American Foundation for the Blind，AFB）与国会图书馆（Library of Congress）合作，推出了"有声书计划"，为那些在第一次世界大战中因为毒气等致盲的人提供有声读物。最早的一批有声书以小说为主，书目包括海伦·凯勒的《中流》和爱伦·坡的《乌鸦》。以当时的技术条件，每张唱片大约可以录制时长20分钟的朗读素材[2]。

与此同时，广播技术的发明和发展，使广播剧和广播讲座成为现代有声书的另一雏形。1924年，英国广播公司播出的《危

---

[1]　王永杰：《美国有声书业纵览》，《中国出版》，2007年第3期，第55页。
[2]　王睿：《浅述欧美有声书产业的发展情况》，《中国编辑》，2017年第7期，第68页。

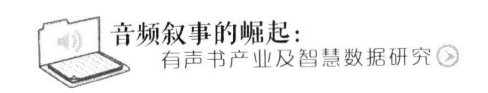

险》是世界上第一部由电台录制的广播剧[①]。

经济大萧条和第二次世界大战时期，美国总统罗斯福通过广播进行了一系列"炉边谈话"，是广播史上的佳话，后来结集出版的书籍《炉边谈话》也一直被誉为经典的演讲范本和政治历史读物。同样，丘吉尔等著名人物的广播演讲、中国的抗日广播剧在提振民众士气、团结国家意志方面发挥了至关重要的作用，"广播战争"对第二次世界大战同盟国的胜利作出了不可磨灭的贡献。

1938 年，为提升美国电台广播节目质量，被称为"纽约舞台天才男孩"的剧院主管奥森·威尔斯（Orson Welles）在广播中推出了九部由经典文学著作改编的广播剧，如《金银岛》（*Treasure Island*）、《德古拉》（*Dracula*）、《双城记》（*A Tale of Two Cities*），以及最著名的《世界大战》（*The War of the Worlds*）。《世界大战》以新闻播报的形式呈现，讲述了火星人入侵地球的故事，其逼真的表演和音效导致许多听众误以为真，甚至引发了广泛的恐慌[②]。有声作品作为媒介形式的影响力，由此可见一斑。

磁带发明于 1928 年，作为一种存储介质，在 20 世纪中叶对有声书的发展起到了重要的推动作用。特别是在 1963 年盒式磁带问世后，以其轻便、耐用、互换性强等优点，使得有声书的制作和传播变得更加便捷和广泛，有声书作为产业得以发展起来。

1952 年在纽约成立的卡得蒙唱片公司（Caedmon Records）是商业化有声书产业的先驱，它的第一张专辑主打威尔士诗人迪

[①] 严楚：《技术赋能下猫耳 FM 广播剧及其网络社群特征分析》，《中国广播》，2022 年第 3 期，第 27 页。

[②] 崔鹏：《对〈火星人入侵地球〉的回顾与思考》，《新西部》，2012 年第 6 期，第 92 页。

伦·托马斯朗读的《一个威尔士孩子的圣诞节》及几首诗[①]。随着 20 世纪 60 年代盒式磁带的出现，卡得蒙唱片公司开始制作和发行有声书，如查尔斯·狄更斯的小说、莎士比亚戏剧，小说《白鲸》《简·爱》《福尔摩斯探案集》等，进一步推动了有声书的普及。

1972 年，美国各地公共图书馆开始流通有声书，接触到有声书的人群变得更多，有声书的需求日益增加，加入有声书生产制作与销售的公司随之增长。至 20 世纪 80 年代，磁带成了有声书的主要载体。1985 年，《出版商周刊》（*Publishers Weekly*）公布了 21 家有声读物出版商，包括卡得蒙唱片公司、Recorded Books、Books on Tape、哈珀与罗（Harper & Row）、兰登书屋（Random House）等[②]。

人类记录声音的技术一直在进步，1974 年索尼公司推出了第一台 PCM（脉冲编码调制）录音机"X-12DTG"[③]，这是向数字声音历史迈出的重要一步。经过多年的研发和改进，世界上第一张 CD 专辑——ABBA 乐队的 *The Visitors* 在 1982 年 8 月 17 日诞生[④]，这标志着 CD 技术的正式商业化。

相对于旧有技术，CD 提供了比黑胶唱片和盒式磁带更清晰、更稳定的音质，以及更长的播放时间，这使得声音的复制和传播变得更加高效和便捷。CD 的引入也推动了数字音频技术的发展，为有声作品制作和录音技术带来了革命性的变化。

自此，有声书的制作和分发开始从磁带转向 CD，有声书的

[①] 钱芳玲：《美国有声书产业研究》，南京大学，2021 年，第 9 页。

[②] 练小川：《从留声机到数字下载，有声读物是如何走到今天的？》，https://www.thepaper.cn/newsDetail_forward_1884793。

[③] 索尼中国：《CD 的诞生》，https://www.sony.com.cn/aboutsony/1214.htm?spm=wolai.workspace.0.0.f5c67a6fy7hNmK。

[④] 张永旭：《数字光盘 30 年发展史回顾》，《记录媒体技术》，2009 年第 6 期，第 8 页。

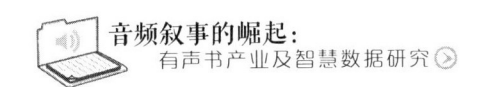

音质得到了显著提升，同时也允许制作过程中加入更多的音乐和音效，丰富了有声书的表现形式。CD 的便携性和耐用性也使得有声书更加方便用户收藏和播放。到了 20 世纪 90 年代后期，CD 已经成为有声书的主要载体。

  磁带逐渐被 CD 取代的时期，也是有声书产业在美国正式确立和快速发展的时期。1986 年，美国音频出版商协会（Audio Publishers Association，APA）成立；同年，每月图书俱乐部（Book of the Month）开始向会员提供有声读物；1987 年，《出版商周刊》开始定期刊登有声书产业专栏；1994 年，音频出版商协会将"有声书"（audiobook）定义为行业标准。1996 年，第一届有声书大奖奥迪奖（Audie Awards）颁奖典礼在芝加哥举行，其相当于电影界的奥斯卡奖；同年，第一届音频出版商协会大会（Audio Publishers Association Conference，APAC）举行[1]。

  一系列进程表明，有声书作为出版业新的增长点和市场机会，吸引了越来越多的出版商加入，其在文化市场和媒体领域的认可度和可见度也越来越高，有声读物的服务模式也随之创新，行业标准由此诞生。

  现代有声书的演变见图 1-2。

---

[1] 练小川：《从留声机到数字下载，有声读物是如何走到今天的?》，https://www.thepaper.cn/newsDetail_forward_1884793。

第 1 章 有声书的起源与发展

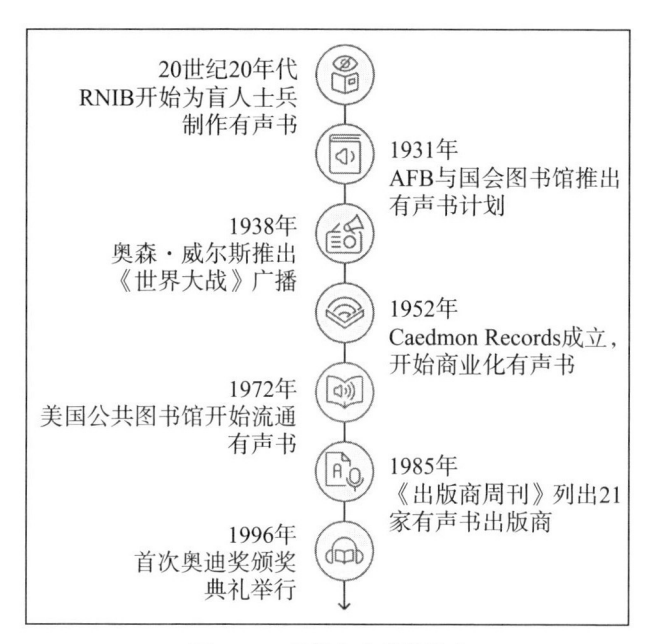

```
20世纪20年代
RNIB开始为盲人士兵
制作有声书
                    1931年
                    AFB与国会图书馆推出
                    有声书计划
1938年
奥森·威尔斯推出
《世界大战》广播
                    1952年
                    Caedmon Records成立,
                    开始商业化有声书
1972年
美国公共图书馆开始流通
有声书
                    1985年
                    《出版商周刊》列出21
                    家有声书出版商
1996年
首次奥迪奖颁奖
典礼举行
```

图 1－2　现代有声书的演变

1.3　数字时代的有声书产业

20 世纪末，有声书迈入数字时代，Audible 公司是其中的佼佼者。1995 年，Audible 公司成立于美国新泽西州，其创立目标是利用数字技术来提供高质量的有声读物。这家公司于 2008 年被亚马逊公司收购，至今仍是有声书产业的巨头。

1997 年，Audible 推出了其首款硬件产品——Audible Player，这是一款专为播放有声书设计的便携式设备，比随身听更加小巧。1998 年，Audible 推出其网站，用户可以在线购买和下载有声书。2000 年之后，随着互联网技术的发展和数字媒体播放器的普及，数字有声书逐渐开始取代 CD 和磁带，在线听书平台不断涌现。

音频叙事的崛起：
有声书产业及智慧数据研究

2003 年，Audible 与苹果公司达成独家协议，在 iTunes 音乐商店提供他们的有声书目录，这些图书以".m4b"格式（MP4 的变体）销售，并包含 AAC 音频码①。此举增强了有声书的可访问性，用户可以直接在 iTunes 商店中浏览、购买和下载有声书，无需单独访问有声书平台或网站。之后，亚马逊又推出了 Read-Along 和 Whispersync for Voice 等创新服务，实现了 Kindle 电子书和 Audible 有声书的无缝切换。用户在阅读电子书时，可以从任何节点同步收听有声书。当用户想要从听书切换回文字阅读时，也可以无缝继续阅读电子书，在切换的同时保存阅读进度，确保无论在哪种格式下都能从上次停止的地方继续，并且支持跨设备使用。此外，用户可以在智能手机、平板电脑或个人电脑上实现无缝同步阅读。

智能手机和平板电脑的普及进一步刺激了数字有声书市场的增长，根据美国音频出版商协会的数据，数字有声书的销售在 2015 年已达到有声书市场销量的八成以上②，成为有声书的主流形式，同时也是美国图书市场增长最快的板块③。

不断增长的市场吸引了越来越多新的参与者，包括大型科技公司和新兴的有声书专门平台。除了亚马逊通过 Audible 主导市场，苹果、谷歌也分别通过自己的平台 Apple Books 和 Google Play Books 提供有声书服务。瑞典的流媒体公司 Storytel 以其丰富的内容库、优质的音频质量和多语言支持，在亚洲、欧洲和拉丁美洲等地区取得了不俗的市场业绩，成为有声书市场的重要参与者。以印度市场为例，Storytel 的印度平台实行本土化战略，主要围绕当地读者的兴趣和语种开发有声作品，该平台有 75%

---

① 钱芳玲：《美国有声书产业研究》，南京大学，2021 年，第 13 页。
② 钱芳玲：《美国有声书产业研究》，南京大学，2021 年，第 15 页。
③ 叶阳：《有声书平台用户使用行为影响因素模型构建与实证研究》，武汉大学出版社，2022 年，第 9 页。

的用户收听当地语言的有声书，25%的用户收听英语有声书①。2020年，瑞典另一家著名的音频公司Spotify也宣布进军有声书市场。作为世界上流行和有影响力的音乐和播客流媒体平台，Spotify在全球拥有庞大的用户基础，它的加入为有声书产业带来了新的活力。

数字时代的有声书产业发展历程如图1-3所示。

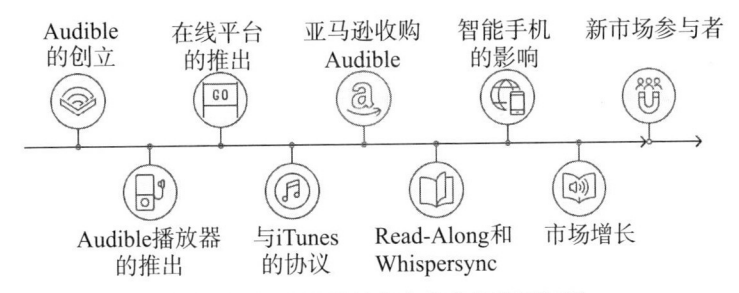

图1-3 数字时代的有声书产业发展历程

2020年，全球有声书市场规模约35亿美元，中国和美国是位居前两位的有声书大国，其中，美国市场规模约13亿美元，中国有声书市场规模约为10亿美元。另据业内专家估算，印度有声书市场规模为5亿～10亿美元②。根据Grand View Research的调查，预计全球有声书市场规模在2020年至2027年间将保持24.4%的年复合增长率，预计2027年市场规模将达到150亿美元③。

---

① 渠竞帆：《海外出版商创意发掘有声书市场》，《中国出版传媒商报》，2021年12月3日第9版。
② 渠竞帆：《海外出版商创意发掘有声书市场》，《中国出版传媒商报》，2021年12月3日第9版。
③ 《规模将超百亿美金的有声书市场，正有出海厂商尝试突围》，https://m.thepaper.cn/baijiahao_17244578。

第 2 章　中国有声书早期历史及产业发展历程

2.1　中国有声书早期历史

中国同样拥有历史悠久的"听书"传统，古代的说书、评书等口头文学形式一直为大众所喜闻乐见，这些传统艺术形式通过口头讲述的方式，将历史故事、民间传说、经典文学作品等内容传递给听众，展现了声音的独特魅力。

而中文世界对现代录音技术催生的有声书这一媒介产生关注和兴趣最早在 20 世纪 30 年代，几乎与英美国家盲人有声书的出现同步，展现出国人对新生事物的敏感与关切。1934 年 5 月 28 日，天津《大公报》刊登纽约电讯："据发明家达雅氏（Frank L. Dyer）宣布，彼新近发明一种'有声书籍'，不久即可出版，其制与寻常留声机片相似，能灌入三万字长短之小说，该片每一面能唱一小时二十分，达氏近在工程师俱乐部曾经试验此项发明，颇为成功。"[①] 这是有声书发明的信息首次传入中国[②]。

之后，《中华图书馆协会会报》《中学生》《科学画报》《时事月报》《科学的中国》《摄影画报》《浙江图书馆馆刊》《现代周

[①] 佚名：《有美》，《大公报》（天津版），1934 年 5 月 28 日。
[②] 冯闻文：《以耳代目：早期有声书的发明及其在中文世界的回响》，《出版科学》，2022 年第 1 期，第 109 页。

报》等报刊，陆续对有声书的技术原理、国外最新进展等情况进行了介绍和报道。

与此同时，中华民族正在经历特殊的历史命运，面对日本侵略战争，国人的爱国热情与斗争意志高涨，抗日广播剧应运而生，成为中国广播剧文学的发端，也孕育着中国有声书的雏形。

1933年1月20日，由苏祖圭创作的广播剧《恐怖的回忆》首次播出，该剧是为了纪念"一·二八"淞沪抗战一周年而创作的，展现了中国人民的苦难和抗日意志。这是中国的第一部广播剧[①]，在有声史上具有标志性意义。

随着20世纪30年代民族危机的加剧，广播剧作为一种新兴的艺术形式，大量被用于抗日宣传，表达救亡主题。全面抗战前夕，国民党中央广播电台连续播出带有抗日救亡色彩的广播剧，剧本分长短两种，短剧于每星期四晚八时半播演；长剧则每隔三星期一次，时间为星期六晚七时半[②]。推出的作品有《抱石投江》《爱国商人》《文天祥》《史可法》《卧薪尝胆》等，塑造了一个以声音为特质的救亡空间，在听众中产生了较大反响[③]。

20世纪50年代，广播形式的有声书有了新的主题。1950年4月，中央人民广播电台开播了《故事讲书》节目，而后发展为小说连播、长篇连播。通过这个节目，一批文学作品如《林海雪原》《保卫延安》《铁道游击队》等走进千家万户[④]，显示了广播作为文学作品传播平台的潜力和影响力。这种影响一直持续到90年代，产生了许多脍炙人口的作品，如1979年中央人民广播

[①] 刘家思、刘璨：《上海现代抗日广播剧文学研究》，《绍兴文理学院学报》，2015年第5期，第26页。

[②] 传音科：《小言（续）》，《广播周报》，1936年第78期，第11页。

[③] 马瑞：《"声音的空间"：国民党中央广播电台的救亡广播剧（1935—1937）》，《日本侵华南京大屠杀研究》，2019年第3期，第129页。

[④] 宋剑华：《关于"红色经典"概念的"具指性"问题》，《当代作家评论》，2023年第3期，第53页。

电台第一套节目播出的《岳飞传》，1982年播出的《夜幕下的哈尔滨》，1988年播出的《平凡的世界》，1991年播出的《北京人在纽约》[①]。广播使人们得以通过声音的方式"追剧"，对于扩大书籍受众、丰富阅读体验、提升阅读兴趣产生了一系列积极影响。

中国有声书早期发展历程如图2-1所示。

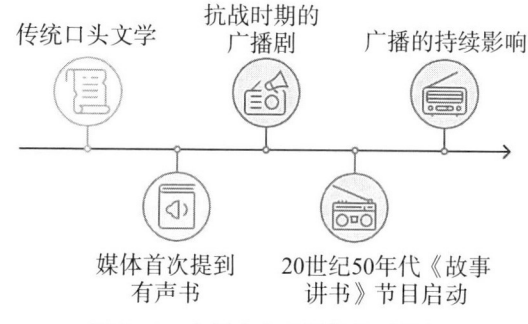

图2-1 中国有声书早期发展历程

2.2 中国有声书产业发展历程

2.2.1 初创阶段（20世纪80—90年代）

有声书在中国以磁带形式传播，发端于20世纪80年代，当时主要是作为随书附赠的音像制品，而非独立的有声读物，比如少年儿童出版社出品的《上下五千年》《十万个为什么》[②]。

有声书作为产业，从20世纪90年代中期开始起步，主要是以名著为题材的音带。1994年，高等教育出版社音像中心出版

[①] 晓凡：《广播长篇40年——电波里不息的中国故事》，https://ent.cnr.cn/ylzt/zxgf/ft/10/20181102/t20181102_524403069.shtml.

[②] 郭楠：《我国有声读物市场研究》，《编辑之友》，2009年第2期，第22页。

了《世界名著半小时》及其续集,共 20 盒音带。1995 年中国唱片总公司出版过《红楼梦》《鲁滨孙漂流记》《十日谈》等以国内外名著为题材的有声读物①。

在内容选择上,出版商倾向于选择世界文学经典名著作为有声书的主要内容。这些作品本身具备知名度,以及较高的文化价值和艺术成就,对市场具有吸引力。同时,这些经典作品的版权问题相对明确,减少了出版过程中的法律风险。

这一时期的有声书市场虽然处于起步阶段,但其为后续有声书产业的发展奠定了基础,特别是在内容选择和版权管理方面积累了经验。

2.2.2 成长阶段(21 世纪初期)

进入 21 世纪,随着技术的发展和互联网的普及,有声书开始从传统的音带形式转向更为便捷的 CD 和数字音频文件,这极大地促进了有声书的传播,中国有声书市场进入了成长阶段。

作为国内较早涉足有声读物出版的机构之一,湖南电子音像出版社在 2000 年出版了一套《中国诗文朗诵 CD》,全套共 18 张 CD,涵盖了古今诗文名家的经典之作。这套 CD 的制作理念是"由最优秀的演员朗诵最优秀的作家的最优秀作品",制作较为精良,被列为"十五"国家重点音像出版物规划项目②。

2002 年,阳光京文推出了"听书"品牌,涵盖了多种类型的有声读物,包括《杨澜访谈录》《人生在线》《历史碎片》《人物志》等。2003 年,阳光京文高价买下了浙江少年儿童出版社《影响中国孩子的 100 个经典童话》的听书版权③,体现了对内

---

① 李静涵:《有声读物:版权让声音传得更远》,https://www.sohu.com/a/502488146_121124708。
② 郭楠:《我国有声读物市场研究》,《编辑之友》,2009 年第 2 期,第 22 页。
③ 郭楠:《我国有声读物市场研究》,《编辑之友》,2009 年第 2 期,第 23 页。

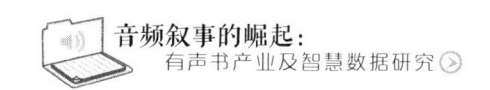

容版权的重视，以及对儿童有声读物市场的积极布局。

北京鸿达以太文化发展有限公司在 2000 年左右研发了 MP3 格式的有声读物，以评书、相声品种为代表，销量超过 40000 套①。2003 年，该公司创办了国内首家专业有声书网站"时代听书网"，为用户提供有声书在线收听和下载服务，内容包括中外文学、社会与自然科学、外语读物、历史作品、畅销图书等②，丰富了有声书的内容供给，也标志着中国有声书产业正式向数字化、音频化转型。

2.2.3 发展阶段（2010—2015）

2010 年左右，随着移动互联网的快速发展，智能手机的普及，以及 4G 网络的商用落地，有声书产业的技术环境有了质的飞跃，喜马拉雅、蜻蜓 FM 等重要平台应运而生，产业发展进入快车道。大体量的用户群体开始形成，商业模式也在探索中逐渐走向多元。

2011 年 9 月，蜻蜓 FM 上线，平台定位为 UGC（User Generated Content，用户生成内容）音频社区，提供有声内容和音频直播；懒人听书在 2012 年上线，定位为 PUGC（Professional User Generated Content，专业用户生成内容）长音频；2013 年，喜马拉雅上线，以 PGC（Professional Generated Content，专业生产内容）为主，提供有声书、相声评书、知识付费、亲子教育等长音频节目；随后，荔枝、猫耳

---

① 常晓武：《我国有声读物的市场空间》，《编辑之友》，2004 年第 4 期，第 30 页。

② 余思乔、何子杰：《从广播长书到有声阅读：传统广播有声读物的数字化转型思考》，《南方传媒研究》，2023 年第 2 期，第 66 页。

FM、企鹅 FM 等平台相继于 2013—2015 年上线①，成为有声书产业的重要参与者。

在这一时期，有声书产业的商业模式开始从传统的广告变现向多元化发展，包括章节付费、整本购买、会员订阅等。平台通过提供免费试听、打赏、分成等多元化的商业模式，逐步建立起合理的盈利机制。

据统计，中国有声书市场规模在 2015 年达到了 19.6 亿元人民币②。随着市场的发展，有声书平台开始注重内容生产和版权合作，与出版社、网络文学企业等建立合作关系，引入大量优秀内容。平台不仅购买版权资源，还自行生产有声读物，以懒人听书为例，平台每月生产约 8000 小时的有声读物内容③。

总体而言，虽然较欧美国家起步晚，但短短几年时间，中国有声书产业在技术、市场、商业模式、内容生产等多个方面取得了显著的进步和发展，为后续的繁荣增长奠定了基础。

2.2.4 繁荣与多元化发展阶段（2016 年至今）

2016 年以后，中国有声书市场经历了高速发展，据艾媒咨询发布的统计数据，2016—2019 年，中国有声书市场规模以每年 30% 的增速持续成长，从 2016 年的 23.7 亿元增长至 2019 年的 63.6 亿元④。

2000 年左右，法兰克福书展发布了名为《席卷世界的有声

---

① 黄婷婷：《播客，实现广播传播新形态——以荔枝 FM 为例》，《新闻研究导刊》，2015 年第 6 卷第 18 期，第 171 页。

② 管小红：《2023 年中国有声读物行业发展全景洞察：市场蓬勃发展，有望成为下一个出版产业蓝海的风口》，https://www.chyxx.com/industry/1154439.html。

③ 窦新颖、李思靓：《有声阅读：有版权声音才能传更远》，《中国知识产权报》，2018 年 8 月 3 日第 9 版。

④ 艾媒大文娱产业研究中心：《2020 年中国有声书行业发展趋势研究报告》，https://www.iimedia.cn/c400/75882.html。

书》（Taking the World by Storm）的全球有声书市场报告，报告认为，中国有望取代美国成为世界有声书第一大国[①]。

统计表明，2023 年中国有声书市场规模约为 100 亿元[②]。得益于中国庞大的人口基数和产业发展态势，有声书用户规模也在不断扩大，从 2016 年的 2.18 亿增长至 2020 年的 5 亿以上[③]。

随着市场发展，有声书的内容也日益多元，从以小说等文学作品为主，扩展到教育、自我提升、商业、科技、健康等多个领域，知识付费、耳朵经济成为被讨论的热词。

以 2016 年上线的"得到"APP 为例，这款以倡导碎片式学习为宗旨的知识付费产品，主要以音频形式提供知识服务，如《薛兆丰的经济学课》《许纪霖·中国文化》《刘擎·西方现代思想》《施展·中国史纲》等。通过签约经济学、管理学、心理学、历史学等领域专家开发精品课程，联合纸质书出版社开展品牌合作推广以及社群运营等方式，构建了一个知识共享与阅读推广的生态圈，其有声内容传播不仅吸引了广泛听众，促进了阅读习惯的养成，同时也提高了相关纸质书籍的销量，形成了一种新型的阅读推广模式。

有声书内容的多元化和内容付费模式的兴起，促成了中国有声书市场一批现象级 IP 的涌现。IP 是 Intellectual Property 的缩写，原意为知识产权，在互联网时代的文化产业中，IP 特指具有一定知名度和市场价值的文化产品或内容，如小说、电影、游戏、动漫等。这些文化产品因其受众基础和品牌影响力，具备跨

---

① 陆云：《中国 2022 年将成为有声书第一大国》，《中国出版传媒商报》，2020 年 8 月 14 日第 6 版。
② 管小红：《2023 年中国有声读物行业发展全景洞察：市场蓬勃发展，有望成为下一个出版产业蓝海的风口》，https://www.chyxx.com/industry/1154439.html。
③ 艾媒大文娱产业研究中心：《2020 年中国有声书行业发展趋势研究报告》，https://www.iimedia.cn/c400/75882.html。

平台引流的潜力，吸引了市场对其进行进一步开发和商业化利用。

各大有声书平台十分重视对一系列 IP 的开发与再创作，如科幻小说《三体》属于文化市场的超级 IP，喜马拉雅投入千万级资金制作了广播剧《三体》；此外，喜马拉雅也与上影集团合作，推出了 100 部有声剧，包括由张国立、王刚等知名演员演绎的中国四大名著，由上海电影译制厂的乔榛、刘风等著名语言表演艺术家演绎的世界经典名著。蜻蜓 FM 推出了文化名人主讲的系列节目，吸引了一批忠实用户，显示了名人 IP 的号召力。一些传统的音乐平台，如 QQ 音乐、酷狗音乐，也通过招募计划引入了《庆余年》《盗墓笔记》等强 IP 有声书，为自己吸引到更多用户。

市场的繁荣也刺激新技术不断涌现，为中国有声书的发展赋能。2019 年，5G 技术进入商用[①]，为用户提供了更高的数据速率、更多的设备连接和更稳定的移动宽带服务，极大地改善了有声书的在线播放和下载体验。

智能穿戴设备和智能家居在 2017 年左右开始流行，如智能手表、耳机、音箱等，为用户收听有声书提供了更加便捷的方式。智能设备与 5G 技术的结合，使用户可以在运动、通勤、家务等不同场景下，通过这些设备无障碍地享受有声书内容，并且可以通过语音交互技术更加自然地与设备沟通，获取个性化的服务，极大地拓宽了有声书的应用场景，丰富了用户的收听体验。

2017 年，中国出台了《新一代人工智能发展规划》，随着自动语音识别（Automatic Speech Recognition，ASR）、自然语言处理（Natural Language Processing，NLP）和文语转换（Text

---

① 魏克军：《国 5G 商用进展综述》，《信息通信技术与政策》，2019 年第 9 期，第 69 页。

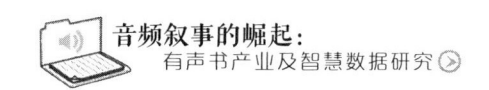

To Speech，TTS）等AI语音技术的成熟，书籍的文本内容可以快速自动转化为语音，加上神经网络、深度学习等技术助力，"TTS+AI"的组合使电子合成有声书的朗诵水平日趋自然、流畅，逐渐接近真人有声书的效果。

据统计，通过文本语音转换技术，单机一天可转换500万字内容，录制成本节约90%以上[①]。2024年第一季度，喜马拉雅平台AIGC声音数同比增长89%，平台产生超过10张播放量过亿的AIGC有声专辑。截至2023年12月，喜马拉雅平台AIGC内容达2.4亿分钟，占其音频内容的6.6%[②]。目前，微信公众号、新浪新闻等平台都增加了"一键收听"功能。从广义上讲，AI技术可以帮助用户将任何文字内容转换为有声书。

人工智能技术对有声书产业的影响是深远的，在降低制作成本、缩短生产周期以及提供定制化服务方面，都发挥着重要作用，为有声书产业重塑生产流程、释放产能提供了巨大潜能。

中国有声书产业发展历程如图2-2所示。

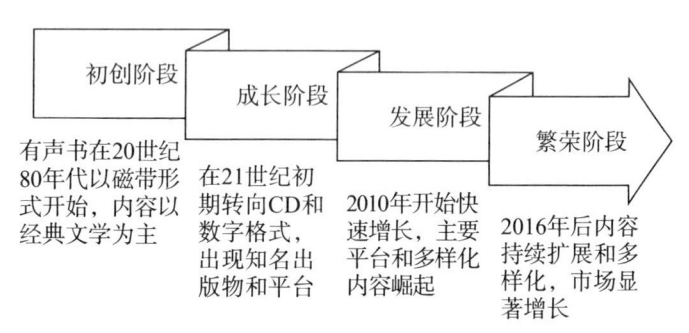

图2-2 中国有声书产业发展历程

初创阶段：有声书在20世纪80年代以磁带形式开始，内容以经典文学为主

成长阶段：在21世纪初期转向CD和数字格式，出现知名出版物和平台

发展阶段：2010年开始快速增长，主要平台和多样化内容崛起

繁荣阶段：2016年后内容持续扩展和多样化，市场显著增长

---

① 周文婷、刘莹：《科技赋能出版新业态：生成式出版的内涵特征、实践进路与发展反思》，《出版广角》，2024年第3期，第71页。

② 赵东山：《年入超60亿，喜马拉雅再次冲击IPO》，https://www.iceo.com.cn/article/4fc41994-51e5-4904-8c24-2ed8bcca39e9。

第 3 章　中美有声书产业对比分析

3.1　市场规模与用户基数对比

美国是现代有声书产业的发源地，有着近百年的历史沉淀，市场较为成熟。如今，绝大多数美国大型出版社都拥有自己的有声书出版部，如企鹅兰登（Penguin Random House）、哈珀·柯林斯（Harper Collins）、阿歇特（Hachette）、西蒙与舒斯特（Simon & Schuster）和麦克米伦（Macmillan）。这些大型出版机构与作家签署版权合同时一定会同时签下有声书版权，一部作品"纸、电、声"一书三发已成趋势。其中，企鹅兰登对于内容资源的有声转化与经营堪称行业典范。

同时，拥有互联网运营背景的有声书平台如 Audible、iTunes、Simply Audiobooks、LibriVox 则占据了更大市场份额，主导着市场格局。其中以亚马逊旗下的 Audible 为代表，其有声书业务覆盖了全美超过 50% 的用户[1]，是当之无愧的行业领跑者。

根据美国音频出版商协会（Audio Publishers Association，APA）的统计数据，2020 年美国有声读物销售额为 13 亿美元

---

[1] 朱娟、李永发：《美国有声书产业发展现状及对我国的启示》，《科技与出版》，2019 年第 3 期，第 47 页。

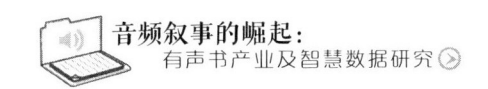

（折合人民币约 84.05 亿元）①，2021 年为 16 亿美元（折合人民币约 107.23 亿元）②，2022 年为 18 亿美元（折合人民币约 127.44 亿元）（见图 3-1），销售额已经连续 11 年保持两位数的同比增长率③。

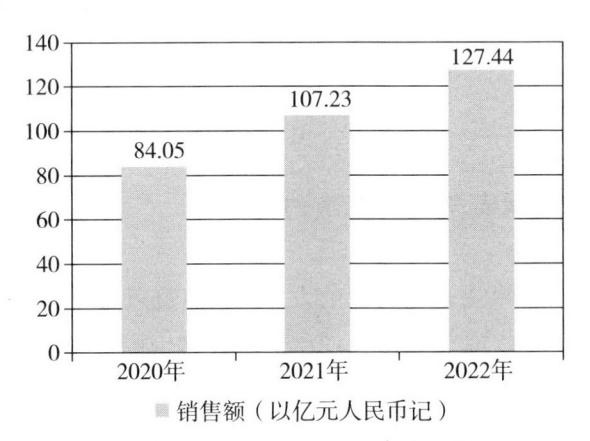

图 3-1 2020—2022 年美国有声读物销售额

根据 2023 年 2 月 APA 发起的爱迪生消费者调查数据，有 53% 的美国成年人表示他们听过有声读物，比 2022 年增加了 7%。这意味着近 1.4 亿美国人是有声读物的受众④。

中国的有声书产业起步相对较晚，但一直保持着快速增长，业界曾经预测中国将取代美国成为世界第一有声书大国。根据近年的统计数据，中国有声书市场规模已达 100 亿元人民币以上

---

① 司南：《最新美国有声读物市场数据发布》，《出版商务周报》，2021 年 7 月 11 日第 31 版。

② 白辑瑞：《美国有声读物市场规模达 16 亿美元》，《出版商务周报》，2022 年 7 月 24 日第 23 版。

③ 徐永倩：《美国有声书销售额连续 11 年增长》，《出版商务周报》，2023 年 7 月 9 日第 24 版。

④ 徐永倩：《美国有声书销售额连续 11 年增长》，《出版商务周报》，2023 年 7 月 9 日第 24 版。

（见图3-2），接近美国，用户规模超过4亿（见图3-3），已经超越美国（由于中美数据来源不统一，对比仅供参考），不过在全球知名度和影响力、产业成熟度等方面，仍有很大的提升空间。

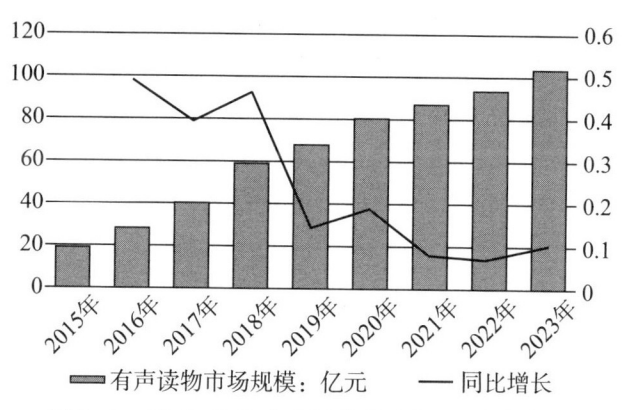

图3-2　2015—2023年中国有声读物市场规模情况

（来源：智研咨询）

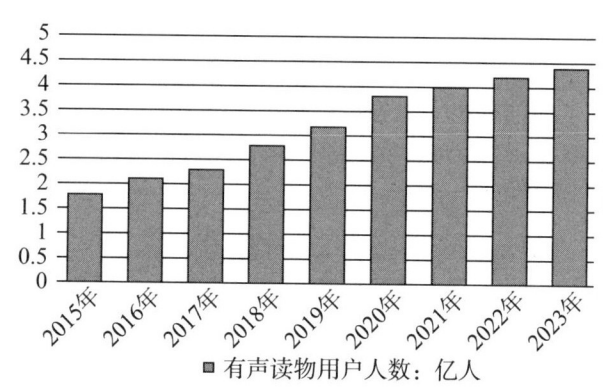

图3-3　2015—2023年中国有声读物用户人数情况

（来源：智研咨询）

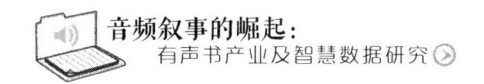

3.2 内容风格对比

有学者将美国和中国有声书内容风格的差异总结为"圣经传统"和"评书传统"两种特色[①]。前者指一种较为传统的朗读风格和表现形式,源于基督教文化中朗读圣经的影响,重点在于忠实地呈现原著内容、表达文本的内在情感。后者源自中国古老的口头文学传统,说书人用通俗易懂的语言、夸张生动的演绎,拉近文本和听众的距离,用讲故事的方式降低阅读门槛、普及文化(见图 3-4)。

美国风格
专注于忠实的文本再现和沉浸式体验

中国风格
强调讲故事和快速获取知识

图 3-4 中美有声书风格对比

因此,美国有声书以忠实再现纸质书文本内容为主,体现出对原著的尊重。Audible 等主流平台会将删节版和未删节版的有声内容在目录中明确区分,Audible 以非删节版有声书居多,占据总量的九成以上;按长度划分的种类中,以 10~20 小时的有声书为最多;按题材划分的种类中,小说类占比最大,为总量的 17.2%[②]。非删节版文学内容受到欢迎,意味着听众愿意付出更多的收听时长,沉浸式享受有声阅读氛围,聚焦于对原著整全内容的吸收。相较于美国市场,中国用户更为偏爱的是具有"说

[①] 张远帆:《从欧美的发展历程看中国有声书市场的可能性》,《出版广角》,2016 年第 20 期,第 24 页。

[②] 完颜双双:《中美有声书平台比较研究》,南京大学,2017 年,第 24 页。

书"基因的有声内容，从2001年推出的百家讲坛的风靡，到罗振宇为代表的"得到"平台上一系列文化产品引领的知识付费潮流，主讲人无一不具有"说书人"特性。事实上，罗振宇等也多次在节目中自比"说书人"，乐于扮演历史人文书籍的通俗演绎者，激发大众对人文通识的兴趣，进而架起有声阅读走向纸质阅读的桥梁。

对于这种有趣的差异，Audible的高级总监Bolong Li和喜马拉雅的制作人顾文豪曾在一次播客节目《和Audible聊聊中美有声书的对比》中探讨其原因。嘉宾分享道，美国听众之所以不急于在有声书中获取快餐知识，而更专注于整全阅读本身，表现出非功利性，原因在于他们的成长环境中，人文通识类的内容供应和探索空间是充足的，无论是学校教育氛围、公共演讲还是社区文化，都从不同角度提供了满足人的求知欲和人文通识训练的渠道，因此在有声书的选择上，美国听众更少表现出"知识焦虑"，更倾向于长时段的、深入的享受式阅读。而中国有声书市场的特点之一是内容的丰富性和创新性，反映了中国有声书受众的需求。中国社会的城市化进程和知识的急速迭代，以及教育过程的高竞争性，导致听众对知识和时间的双重焦虑：一方面是有感于教育过程中通识内容的相对缺乏，以及信息爆炸时代自身对知识获取与整合能力的有限；另一方面是快节奏生活对时间的挤压，使人们倾向于利用碎片时间尽可能多地获取知识、实现自我提升。因此那些短平快的，既有知识性，又支持多任务操作的有声读物受到市场欢迎（如图3-5所示）。例如"得到"APP的《每天听本书》，每天都有一本新的收费有声书上线，定价多为4.99元，大多是有关职场创业、思维方式和历史启示等的非虚构内容。通过专业说书人的声音演绎，"提纯"讲解一本经典书籍，时长多在三十分钟左右，适合上班族每天通勤路上学习充电。类似的情况也发生在印度，2010年之前，印度尽管有着世

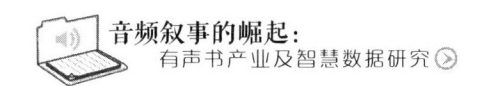

界数量第二的说英语人群、第三大的英文书市场，但有声书市场几乎是一片空白。2011年以后，印度的有声书市场开始发力，成为世界上增长速度最快的市场之一，究其原因是大量涌向城市的人口和由此带来的世界上耗时最长的通勤时间。在印度受欢迎的同样是短小精炼、上班路上能一次听完的作品[①]。

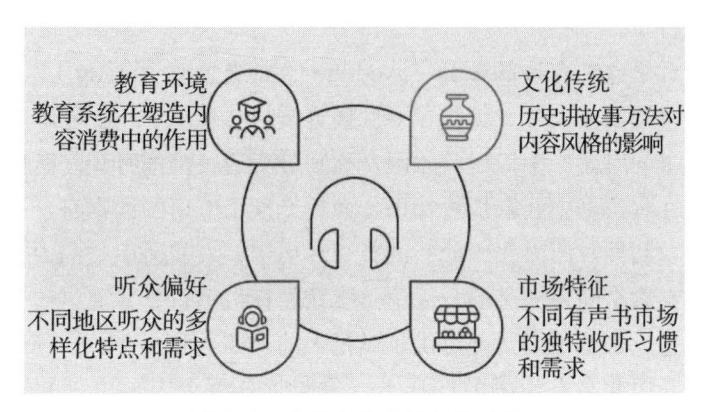

图3-5　塑造有声书偏好的因素

3.3　出版模式与版权管理对比

中美有声书的另一个显著差异是出版模式与版权管理。美国有声书市场经营主体多元，包括传统出版商、互联网平台和书籍作者（或版权人）。出版模式比较多样，主要可以概括为三种类型（见图3-6）：

[①] 张远帆：《从欧美的发展历程看中国有声书市场的可能性》，《出版广角》，2016年第20期，第25页。

图 3-6　美国有声书出版模式

第一，传统出版商自主出版模式，以企鹅兰登等出版巨头为代表。传统出版商一般在内容上有丰厚积累，拥有大量纸质书的有声版权，在开发有声内容方面具有天然优势。2005 年之前，由于制作发行成本太高，传统出版商普遍不看好有声书发展前景，因而缺乏这方面的投入。他们通常采取出售或转让有声版权的方式，只有畅销的纸质书才会自主将其有声化。2010 年以来，随着有声书市场的急剧扩大，一些大型出版商纷纷建立专门的有声书制作部，如企鹅兰登、哈珀·科林斯、麦克米伦、西蒙与舒斯特等公司。企鹅兰登是其中佼佼者，为尽快抢占有声书市场份额，在原有 7 个有声书制作部的基础上，于 2013、2014 年先后在洛杉矶和纽约增加了 6 个有声书制作部，并配备了先进的专业设备和专业人员，使之足以完成精品有声作品的录制与剪辑[①]。

第二，互联网平台出版模式，以 Audible、iTunes、Spotify 等为代表。作为第三方平台，这些公司首先要通过与传统出版商、作者合作或购买版权获得有声书制作许可，然后才能利用自己的软硬件资源出版有声书。近年来，随着产业的快速发展，为

---

① 庄廷江：《美国有声书出版与发行模式探析》，《出版发行研究》，2017 年第 2 期，第 90 页。

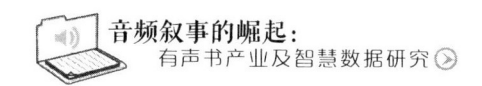

占据主动,这些平台越来越重视原创有声书或有声版本先行的作品开发。与依托纸质书进行开发的有声作品不同,这类原创有声读物专为有声阅读而创作,时长较短,重视音乐和音效的运用,创造沉浸式收听场景,深受年轻一代听众的喜爱。许多互联网有声书平台都成立了自己的原创内容制作团队,如 Spotify Original、Audible Original,"有声书优先"是其出版策略,宗旨是为用户创作形式新颖、讲述方式多样的音频内容,拓展与各类内容题材领域有影响力的人物的合作,生产高质量原创内容①。

第三,书籍作者(或版权人)独立出版模式,以 ACX 为代表。亚马逊、苹果、谷歌等公司都设立了有声书自助出版平台,为有声书产业的各个参与方提供合作和交易的桥梁,独立作者或版权方可以便捷地通过这类平台实现作品的有声化。其中尤其值得一提的是 Audible 公司 2011 年推出的"有声书创作交流平台"(Audiobook Creation Exchange,ACX)。通过该平台,作者或版权方可以发布有声书制作需求,附上对朗读者的要求(比如性别、口音、音色类型),可以选择版税分享或付费生产的模式来出版有声书,也可以直接进行有声书出版版权的交易。有声书出版商、专业工作室或拥有家庭工作室的个人朗读者可以搜索自己感兴趣的图书,再制作一个该图书的录音小样,获得版权人通过后再将其完整地录制为有声书。版权人可以选择雇佣朗读者或制作人,或与其共享版税建立伙伴关系,以免去有声书制作的前期成本。录制好的有声书可以在 Audible 销售发行,也可以选择其他渠道。ACX 很好地承担起中介桥梁的角色,使得有声读物的生产制作与销售交易变得非常快捷。越来越多的自助出版作者使

---

① 王昇、张晓菲:《播客与有声书驱动下的国际数字音频行业发展趋势研究》,《视听界》,2024 年第 1 期,第 41 页。

用 ACX 来出版有声书,并通过 Audible、iTunes 甚至是自己的网站来销售发行。ACX 平台的便捷性与高利润吸引了众多的自助出版人,近年来美国有声书数量的急剧增长与该平台便捷的出版模式是分不开的[①]。

中国的传统出版社同样积累了大量书籍版权,相较于美国,出版社在有声业务上的投入尚处于探索阶段,被视为少数出版社的创新之举,整体上呈现"小而散"的现状,尚未形成集约化、规模化趋势[②]。山东教育出版社于 2017 年底开通了"小荷听书"微信公众号,以中小学生为主要用户,是国内较早自主打造有声书平台的出版机构,目前已开发出专门的有声书网站和 APP "小荷听书"。人民文学出版社、上海译文出版社凭借传统优质内容资源,分别成立了有声业务平台"人文读书声""译文有声",内容以中外经典文学名著为主,在微信公众号、喜马拉雅均有入驻。中信出版集团和湛庐文化在有声书领域表现活跃,将书籍的有声转化作为重要的业务板块。中信出版集团成立了数字资源平台"中信书院",包括电子书和有声书,有声书内容主要聚焦于传记、历史、经济管理和儿童故事类,有专属 APP 和喜马拉雅账号。而湛庐文化开发了专门的有声书平台"湛庐阅读",内容以科技趋势、金融投资、经济管理、心理学为主,同样有专属 APP 和喜马拉雅账号。

与美国图书出版界普遍重视有声书业务不同,国内出版社早期对书籍的有声版权缺乏布局,仅仅将有声书定位于纸质书的"赠品",主要目的在于提升用户体验,从而促进纸质书销量。知识付费和音频内容兴起之后,有声版权成为"兵家必争之地",

---

① 钱芳玲:《美国有声书产业研究》,南京大学,2017 年,第 20~21 页。
② 李建飞、蒙胜军:《出版社提升有声书经济效益的路径探析》,《科技与出版》,2021 年第 3 期,第 157 页。

出版社在与头部互联网平台的版权竞争中处于弱势，很少拿到知名 IP 的开发版权。在运营推广上，出版社主要依赖与头部音频平台合作的方式，鲜有自建平台，规模和效益尚未充分体现。另外，国内也缺乏强有力的中盘公司。美国有 Findaway 这样的专业公司，专门负责有声书的聚合与分发，聚合了大量出版机构和作者的有声书，分发给亚马逊等第三方平台，而自己则不直接面向 C 端用户。中国缺乏类似的中盘角色，导致音频平台需要一一对接多家出版机构和大量作者，沟通成本较高，效率和效益相对较低①。

相对于出版社，中国的互联网音频平台是有声书产业的绝对主力军。得益于互联网技术，有声书产业经历了两次重要转型。第一次是 2000 年后一批有声书网站的出现，如听书网、天方听书网、久久听书网，用户通过互联网平台收听有声书的习惯开始养成。第二次是 2010 年后，蜻蜓 FM、懒人听书、喜马拉雅等音频平台推出 APP，促使有声书产业向移动平台迁移，主播、作品、读者规模化累积，商业模式成型②。与美国的 Audible、iTunes 等平台采取 PGC（Professional Generated Content，专业生产内容）模式不同，国内平台在初始期，大量采取了 UGC（User Generated Content，用户生产内容）模式，即由普通用户自制有声读物上传至平台，或者直接将非自制有声读物上传，由平台提供相应的技术支持并公开，这种模式的弊端主要是有大量版权纠纷和作品质量问题。进入发展期后，PGC 模式的内容逐渐增加，通常由网络平台聘请或培养的专业团队来进行有声读物的录制、校对和发行，再由网络平台根据受众市场和用户需求来

---

① 李建飞、蒙胜军：《出版社提升有声书经济效益的路径探析》，《科技与出版》，2021 年第 3 期，第 163 页。

② 吴申伦：《适应平台经济：我国有声书产业现状与发展研究》，《编辑之友》，2022 年第 1 期，第 17 页。

合理划分平台内容,进而实现产品的精英化、品牌化、精准定位化。由于 PGC 相较于 UGC 的生产更加专业化,又导致平台外购产品的成本高昂,所以结合 UGC 与 PGC 各自优势的 PUGC 内容生产模式应运而生。PUGC(Professional User Generated Content,专业用户生产内容)模式兼具了 UGC 用户生产广度与 PGC 专业生产深度,是一种共生型内容生产模式。网络平台既激励广大非专业用户逐渐实现专业化与规范化的转型,也通过购买文字版权、主动聘请或培养专业团队来制作并上传精品的有声读物;再设置淘汰机制,从源头控制产品的内容质量与潜在的侵权行为,逐渐淘汰非专业的生产内容,实现有声书生产内容的专业化出版[①]。随着人工智能的成熟,AIGC 模式也逐渐兴起。业内人士认为,与美国相比,中国有声书产业在 AI 技术的运用上更为积极。

中美有声书产业对比如图 3-7 所示。

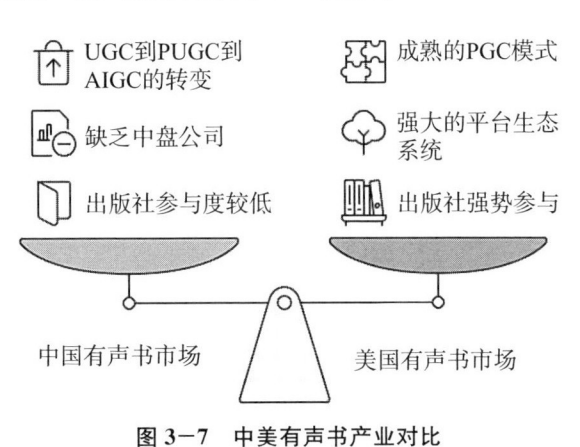

图 3-7 中美有声书产业对比

总体而言,在全球有声书发展态势向好的大环境下,美国、

---

① 刘茜芸:《数字有声读物产业中的版权保护风险与应对研究》,《科技与出版》,2021 年第 1 期,第 124 页。

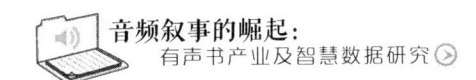

中国同属第一梯队，欧洲次之，再是印度、俄罗斯、土耳其等①。中国与美国相比，在版权制度、出版社参与程度、出版经营模式规范度与成熟度等方面，还有学习与提升的空间。同时，中国有声书在用户规模、增长活力和创新多元性方面又有着独特的优势。

---

① 吴申伦:《适应平台经济：我国有声书产业现状与发展研究》,《编辑之友》, 2022年第1期, 第19页。

第4章 有声书元数据方案探析

伴随着有声书发展热潮而来的，是海量书目信息的产生。目前关于有声书的研究著作中，很少有关于有声书元数据问题的探讨。如何有序、完善地组织有声书元数据，最大限度地方便用户，是一个值得重视的问题。2021年的中国有声书用户需求调查结果显示，43.6%的用户希望"优化操作界面，提高用户体验"[①]，表明目前我国有声书平台的目录建设尚不理想，在元数据制作与发布方面有必要改进。具有战略眼光的美国出版商已经积极呼吁，元数据质量是在网络时代决定出版社生死存亡的问题。现代有声书既有别于纸质书，也不同于传统编目中主要包含音乐唱片、磁带、CD的音频资源，它是兼具图书与音频特征的数字化的语言类音频资源，因此关于有声书的元数据研究，是一个较新的课题。

4.1 Audible和喜马拉雅的目录体验对比

将中美两国的有声书头部平台Audible和喜马拉雅放在一起，对比两者的目录，可以直观调研目前中外主流有声书平台的元数据现状。

---

① 黄海琪：《2021年中国有声阅读行业概览》，https://www.leadleo.com/report/details?id=601b5e674ae5a3379d35dc1a。

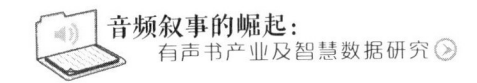

访问 Audible（https://www.audible.com/，见图 4－1）和喜马拉雅（https://www.ximalaya.com/，见图 4－2）官网，比较其界面，均为简约的单一搜索框。

图 4－1　Audible 主页的搜索框

图 4－2　喜马拉雅主页的搜索框

以查找 *Gone with the wind* 的英文和中文有声书为例，分别搜索"Gone with the wind"和"飘"，Audible 的目录见图 4－3，喜马拉雅的目录见图 4－4。

图 4－3　Audible 的有声书目录

第4章 有声书元数据方案探析

图 4-4 喜马拉雅的有声书目录

为方便查看,将两条目录按著录元素列表(见表 4-1)。

表 4-1　Audible 和喜马拉雅的著录元素对比 1

编号	著录元素	Audible	喜马拉雅
1	题名	Gone with the wind	飘
2	作者	Margaret Mitchell	在插图中显示作者
3	朗读者	Linda Stephens	未著录
4	内容简介	有	有
5	出版者	Recorded Books	by：译文有声
6	其他责任者	——	在插图中显示译者

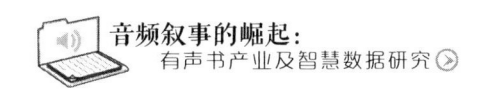

续表

编号	著录元素	Audible	喜马拉雅
7	发布日期	10-01-09	未著录
8	分类	Literature & Fiction, Classics（文学 & 小说，经典）	外国小说 单人 出版小说
9	类型	有声书	有声书
10	时长	49小时2分	未著录
11	语种	English（英语）	未著录
12	目次	章节播放列表	章节播放列表
13	关联	续集、作者传记等有声书；丛书说明	续集、广播剧等音频
14	权限	有免费试听、购买价格	有免费试听、购买价格
15	评分	五星	四星半
16	收听量	未著录	116.1万
17	评论量	12402个	39个
18	删节说明	Unabridged（未删节）	未著录
19	封面图片	有	有

对比显示，两个平台出现的著录元素共计19个。

两者共有的元素有11个：题名、内容简介、出版者、分类、类型、目次、关联、权限、评分、评论量、封面图片。

对于不共有的8个元素，再次用其他作品实例在两个网站检索、来回对比加以验证，结果见表4-2。

表 4-2 Audible 和喜马拉雅的著录元素对比 2

编号	著录元素	Audible	喜马拉雅
1	作者	必备	不必备（如中国古典四大名著未著录作者、《平凡的世界》著录了作者）
2	其他责任者	有则必备（如中国古典四大名著英文版译者、编者、序作者）	不必备（通常在图片中体现，如纳尼亚传奇、魔戒系列中文版译者）
3	朗读者	必备	不必备（通常将著名播音员、评书家著录在副题名）
4	发布日期	必备	无
5	时长	必备	无（单个章节音频有时长，无总时长）
6	语种	必备	不必备（中文无，外语作品有著录）
7	删节说明	必备	无
8	收听量	无	必备

19 个元素中，Audible 稳定著录的必备项有 18 个，收听量 1 项未著录；喜马拉雅稳定著录的必备项有 12 个，其他 7 项中，有 3 项（发布日期、时长、删节说明）未著录，有 4 项（作者、其他责任者、朗读者、语种）的体现方式较灵活，未列为必备的著录项，欠缺一定的规范，数据形态较为粗糙。

从用户体验角度看，Audible 的目录更为规范全面而不失简洁，搜索结果准确率更高，干扰项较少；喜马拉雅的目录较注重商业效应，突出名家名作、收听量等，某些著录元素体现在宣传

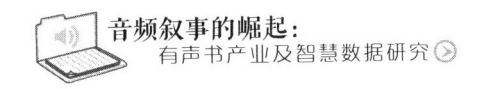

图片中而未专门列出,在目录的完备性和规范性上有所欠缺,尤其是作品作者和朗读者,具有重要识别意义,未列为必备项是元数据的重要不足。

4.2 有声书元数据著录元素分析

通过以上统计,可将结果与都柏林核心元素集(Dublin Core,DC)对比。

4.2.1 都柏林核心元素集简介

都柏林核心元素集是由国际图书电脑中心(OCLC)和美国国家超级计算应用中心(NCSA)于1995年在美国俄亥俄州的都柏林主持召开的元数据研讨会上所确立的元数据标准报告,问世后经过修订和完善,一共确立了15个核心元素(见表4-3),作为主要应用于网络资源的元数据参考标准。

表4-3 都柏林核心元素集

资源内容类描述元素	知识产权类描述元素	外部属性类描述元素
题名(Title)	创作者(Creator)	日期(Date)
主题(Subject)	出版者(Publisher)	类型(Type)
描述(Description)	其他参与者(Contributor)	格式(Format)
来源(Source)	权限管理(Rights)	标识(Identifier)
语言(Language)		
关联(Relation)		
覆盖范围(Coverage)		

4.2.2 以DC为参照考察有声书平台元数据的完备性

DC的所有元素都是可重复、可选用、可扩展的,因此可将前文归纳的著录元素与DC映射（见表4-4）。

表4-4 有声书网站著录元素与DC的映射

元素类型	DC	Audible著录元素	喜马拉雅著录元素
资源内容类	题名（Title）	题名	题名
	主题（Subject）	分类	分类
	描述（Description）	内容简介	内容简介
		删节说明	—
		章节播放列表	章节播放列表
	来源（Source）	—	—
	语言（Language）	语种	语种（不必备）
	关联（Relation）	关联	关联
	覆盖范围（Coverage）	—	—
知识产权类	创作者（Creator）	作者	作者（不必备）
		朗读者	朗读者（不必备）
	出版者（Publisher）	出版社	主播
	其他参与者（Contributor）	其他责任者	其他责任者（不必备）
	权限管理（Rights）	试用	试用
		购买价格	购买价格
外部属性类	日期（Date）	发布日期	—
	类型（Type）	有声书	有声书
	格式（Format）	时长	
	标识（Identifier）	分享链接	分享链接

续表

元素类型	DC	Audible 著录元素	喜马拉雅著录元素
其他	—	评分	评分
		收听量	—
		评论量	评论量
		封面图片	封面图片

由表 4-4 可知,以 DC 为参照标准,Audible 的元数据在资源内容描述上的匹配率是 7/9,知识产权描述上的匹配率是 3/4,外部属性描述上的匹配率是 4/4;喜马拉雅相应三项的匹配率依次是 5/9、2/4 和 2/4。对比可见,Audible 的元数据较为完备。

4.3 以有声书平台元数据现状考察 DC 的适用性

DC 的 15 个元素中,被 Audible 和喜马拉雅采用的有 13 项,有 2 项在两个平台均未著录。另有 4 项元素是在平台中出现而 DC 未包含的,由此可考察 DC 与有声书网站元数据的匹配程度(见表 4-5)。

表 4-5 DC 和有声书网站匹配程度

DC 匹配情形	详情	数量
被 Audible 和喜马拉雅采纳	题名、主题、描述、语言、关联、创作者、出版者、其他参与者、权限管理、日期、类型、格式、标识	13
不被 Audible 和喜马拉雅采纳	来源、覆盖范围	2
平台出现而 DC 未提及的元素	评分、收听量、评论量、封面图像	4

有声书平台元数据的大部分元素都能在 DC 中找到对应项，说明 DC 基本适用于编制有声书元数据。未被 DC 已有元素覆盖的著录项中，评分、收听量、评论量这 3 项记录了用户行为，有助于识别有声书影响力，也体现了数字资源平台与用户的交互性，无论出于理论还是实践的理由，在制定有声书元数据标准时，这 3 个评价性元素都应被考虑在内；封面图像能够直观体现有声书内容特征，帮助用户快速与纸质书、影视作品等资源相联系，也应是有声书元数据的必备著录元素。这表明，DC 在用于实践时，应根据网络环境和用户习惯加以扩展。

而 DC 中未被两个平台采纳的 2 项元素，需进一步分析。这 2 项元素的定义如下：

来源（Source）：有关另一资源的信息，当前资源全部源于或部分来自该资源。如果该资源的信息对于当前资源的发现至关重要，本元素即可包含有关该资源的元数据[①]。例如作为有声书文本来源的纸质书的 ISBN 号。

覆盖范围（Coverage）：资源知识内容的时空特征。空间覆盖范围指使用地理名称或坐标体系（如经度和纬度）来界定的物理区域。时间范围指资源与什么时间范围有关，而不是它被创建的或可以获得的时间（后者属于日期的范畴）[②]。如 *Gone with the wind* 的时空范围包含"亚特兰大""美国南北战争时期"。

由此可见，DC 未被两个平台采纳的 2 项元素，均适用于描述有声书。其中"来源"可用于准确描述有声书的文本来源，也可引导用户发现、获取纸质书，促成销售、借阅等行为；"覆盖范围"可用于揭示有声书内容上的时空特征，对于用户按照历史

[①] 盛昌银：《都柏林核心元数据——网络信息资源组织的新标准》，《现代图书情报技术》，2003 年第 1 期，第 45 页。

[②] 盛昌银：《都柏林核心元数据——网络信息资源组织的新标准》，《现代图书情报技术》，2003 年第 1 期，第 45 页。

年代和地名查找有声书非常有帮助，如历史文学、乡土文学。美国学者的研究中有将音频资源与谷歌地图对接的实例①，也有赖于对"覆盖范围"的著录。

4.4 有声书元数据著录元素设置方案探讨

4.4.1 设置原则

结合主流有声书平台的元数据调研情况，参照 DC，本书尝试构建一个相对完备、具有规范性和通用性的有声书元数据著录方案供探讨。鉴于 DC 的国际接受度高、易于理解等优点，本方案采纳 DC 为基本框架。方案的设置原则为：定锚于用户任务"查找—识别—选择—获取—探索"，兼顾简单与精准，可复用、可扩展，力求实用。

4.4.2 元数据著录元素的层次划分

本方案共设置 23 个著录元素，按照元素的揭示功能，分为 4 个层次：

内容及形式属性层：题名、封面图片、主题、内容简介、语种、目次、删节说明、来源、分类、关联、覆盖范围，共 11 项。

知识产权层：作者、朗读者、出版者、权限、其他责任者，共 5 项。

外部属性层：发布日期、类型、格式、标识符，共 4 项。

用户行为层：评分、访问量、评论量，共 3 项。

---

① Devin Becker, Erin Passehl－Stoddart: Connecting historical and digital frontiers: enhancing access to the Latah County oral history collection utilizing OHMS (Oral History Metadata Synchronizer) and isotope, Code4Lib Journal，2015（29）：61.

4.4.3 有声书元数据著录元素方案阐释

按照对用户的重要程度,所有元素分为必备/选用两类,选用元素可根据条件取舍,若有需要,也可在 4 个层次中增设元素(见表 4-6)。

表 4-6 有声书元数据著录方案简表

层次	编号	元素	定义	注释
内容及形式属性层	1	题名	由创作者或出版者赋予有声书的名称	必备
	2	封面图片	能够有效揭示有声书内容特征或来源的图像	必备
	3	主题	以简洁词语对内容进行描述	必备
	4	内容简介	提要或文摘	必备
	5	语种	有声书所使用的的语言种类	必备
	6	目次	章节播放列表	必备
	7	删节说明	对有声书是否为足本的说明	必备
	8	来源	作为在编有声书来源的另一资源的信息	选用
	9	分类	根据创作领域、体裁、读者对象、内容分级等标准对有声书作出的分类	选用
	10	关联	另一资源的标识符及其与在编有声书的参照关系	选用
	11	覆盖范围	在编有声书内容所涉及的时间、空间范围	选用

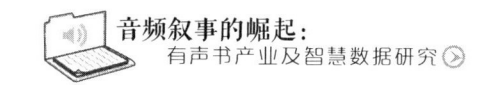

续表

层次	编号	元素	定义	注释
知识产权层	12	作者	内容文本的创作者	必备
	13	朗读者	用声音演绎作品的责任者	必备
	14	出版者	负责在编有声书能够以现有形式获得的责任者	必备
	15	权限	版权声明和用户使用规范	必备
	16	其他责任者	对有声书创作有次要贡献的责任者	选用
外部属性层	17	发布日期	有声书在平台上发布并可获得的日期	选用
	18	类型	有声书	必备
	19	格式	有声书文件的数据形式、大小和持续时间等	选用
	20	标识符	网络环境下赋予有声书资源的唯一标识符号	选用
用户行为层	21	评分	用户对在编有声书按系统设定标准进行评分的均值统计	选用
	22	访问量	用户对有声书进行浏览、试听、购买的总数统计	选用
	23	评论量	用户对有声书进行文字评论的条数总量统计	选用

- 内容及形式属性层：

（1）题名：由创作者或出版者赋予有声书的名称，包括不同语种并列题名、变异题名等。如在编有声书为小说 *Gone with the wind* 的中译本有声版，题名除了著录中译题名"飘"，还可同时著录英文题名以及"乱世佳人"这样的入口词。

（2）封面图片：能够有效揭示有声书内容特征或来源的图像。传统编目往往不重视图片的揭示作用，DC 中也没有包含图像元素，而几乎所有的网络视音频都是有封面图片的。有声书的封面图片或取自纸质书，或采用作者、朗读者授权肖像等，在实践中已经普遍存在，应作为元数据的必备项。

（3）主题：以简洁词语对内容进行描述，相当于关键词，如中国文学、心理健康、英国历史。推荐使用《中国分类主题词表》。

（4）内容简介：提要或文摘。可以是介绍性、推荐性、指示性或评论性的任何说明文字。

（5）语种：有声书所使用的的语言种类，如英语、汉语等。地区方言也应著录，如金宇澄的小说《繁花》在喜马拉雅有多个沪语版本，考虑到方言的复杂和名称不统一现象，推荐使用《中国图书馆分类法》H17"中国方言"类目下的名称进行规范著录。

（6）目次：有声书播放列表。有声书通常按照章节分段播讲，精细化著录章节号、章节标题等，有助于揭示资源内容，为用户提供精确检索点，从而快速定位，节约搜索成本，有利于资源的推广使用。

（7）删节说明：对有声书是否为足本的说明。节选、删节版、改编版、儿童版等情况应著录。

（8）来源：作为在编有声书来源的另一资源的信息。在编有声书全部或部分源于该资源，对该资源进行声音再现、解说、加工、改编、模仿等情况应选用。作为来源的资源可能是纸质书、电子书，也可能是另一部有声书、影视资源等，推荐使用 ISBN、URL 等标识符。

（9）分类：根据创作领域、体裁、读者对象、内容分级等标准对有声书做出的归类。Audible 有艺术与娱乐、传记与回忆录、儿童读物、文学小说等 23 个类目。喜马拉雅是声音类综合平台，在"有声书"栏目之下，又按照内容、风格、播讲形式、出版社、用户群、时效、会员权限等标准，提供了70种以上的细分类目。类型的著录不必严格按照单一分类标准，但要有给定的分类选项（编制受控词汇表），一部有声书可以同时著录多个类目。

（10）关联：另一资源的标识符及其与在编有声书的参照关系，包括整体/部分、伴随、灵感、派生、同一丛编、同主题、同作者、同朗读者等各种强弱关联，对应着 IFLA-LRM 所定义的"探索"用户任务的实现。IFLA-LRM 认为，用户可能在浏览过程中从一个资源关联到另一个资源，建立意想不到的联系，或了解可获得的资源，以便将来使用[①]。将"探索"列为五大用户任务之一，意味着目录使用中开放性、偶然性的重要性，因此本方案鼓励著录关联元素。

（11）覆盖范围：在编有声书内容所涉及的时间、空间范围。推荐使用《中国图书馆分类法》提供的世界、中国地区表，以及国际、中国时代表。

• 知识产权层：

（12）作者：内容文本的创作者，包括真名、笔名、网络ID等。

（13）朗读者：用声音演绎作品的责任者，可以用真名或网络ID。由于越来越多的平台如"微信读书"等提供了AI朗读的有声书服务，AI男声、AI女声可著录在朗读者一项。

（14）出版者：负责在编有声书能够以现有形式获得的责任者，如个人主播、团体、出版社等。

（15）权限：版权声明和用户使用规范。免费或付费使用、

---

① Pat Riva, Patrick Le Bœuf, Maja Žumer:《图书馆参考模型：书目信息的概念模型》，蔡丹、李菡、杨恩毅等译，https://www.ifla.org/files/assets/cataloguing/frbr-lrm/ifla-lrm-august-2017_rev201712-ch.pdf.

试用、价格、收听时长、期限和下载协议等著录在此。

（16）其他责任者：对有声书创作有次要贡献的责任者，如文本的译者、编者、改编者，声音的录制、剪辑、制作者，背景音乐、音效的提供者等。

• 外部属性层：

（17）发布日期：有声书在平台上发布并可获得的日期。对于用户按新旧程度查找资源有参考意义，鼓励著录。

（18）类型：本方案针对的资源类型均为有声书，著录类型的作用是可将其与其他类型资源区分或关联利用。如亚马逊公司推出的 Whispersync for Voice 服务，就能实现有声书和电子书同步的伴随式阅读。喜马拉雅这样的声音资源综合网站，有必要区分有声书与音乐、新闻等其他资源。

（19）格式：有声书文件的数据形式、大小和持续时间等。音频的数据格式通常有 MP3、WMA、M4A 等，格式、文件大小和音频时长对于用户评估如何使用资源有一定的参考意义，条件许可时应加以著录。

（20）标识符：网络环境下赋予有声书资源的唯一标识符号。推荐使用 URL 或 PURL。URL 意为统一资源定位器，即资源的网络地址；PURL 是永久统一资源定位符，较 URL 更为稳定，鼓励著录。

• 用户行为层：

（21）评分：用户对在编有声书按系统设定标准进行评分的均值统计。通常平台会按照故事、朗读表现、综合评价等元素设立评分体系，将结果以星级或分值形式放在醒目位置，起到推荐、帮助选择的作用，建议体现在目录页面中。

（22）访问量：用户对有声书进行浏览、试听、购买的总数统计。对用户有参考作用，可酌情体现。

（23）评论量：用户对有声书进行文字评论的条数总量统计。

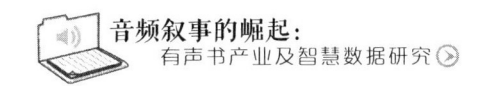

评论体现了新时代内容平台的交互性，体现了用户意愿和作品的受关注程度，对目录使用者有比较重要的参考意义，建议将其设置在目录页面。

本章在对 Audible 和喜马拉雅两大有声书平台进行调研的基础上，参照国际通行的网络资源元数据标准 DC，尝试构建一个相对规范、通用的有声书元数据著录方案，为提升有声书元数据质量提供参考，以更好地满足用户多角度检索获取资源的需求，也为"纸电声"不同数据库之间的互联与共享探索路径，期待有助于改善有声书元数据组织现状，方便用户使用，促进产业长远发展。

第 5 章　AI 时代有声书产业智慧数据生成路径探析

5.1　人工智能发展历程

　　人工智能（Artificial Intelligence，AI）是计算机科学的一个分支，它致力于研究、开发用于模拟、延伸和扩展人类智能的理论、方法、技术及应用系统。AI 的核心目标是构建能够执行通常需要人类智能才能完成的任务的智能机器，如视觉感知、语音识别、决策和语言翻译等。

　　自 1956 年"人工智能"这一概念在美国达特茅斯会议上被首次提出以来，AI 技术已经走过了六十余年的发展历程，其间经历了三次明显的"热潮"与"寒冬"交替。起初，在 20 世纪 50 年代至 60 年代，人工智能的探索主要集中在模仿人类思维方式上，通过"推理"和"搜索"规则来构建智能系统。这一时期的研究计划包括数学证明系统和知识推理系统，尽管在规则性强的领域取得了一定进展，但由于计算机运算能力的限制，对于解决现实生活中的复杂问题如翻译、医疗等仍显得力不从心，导致 70 年代初人工智能领域进入了一段萧条期。

　　随后，20 世纪 80 年代至 90 年代，人工智能迎来了以知识库为基础的第二阶段。这一时期，以 LISP 语言和日本 CYC 项目为代表，人工智能的发展转向了"专家系统"，这些系统依靠

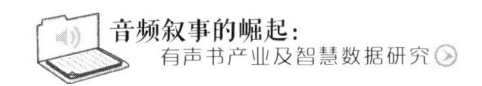

导入特定领域的"知识"来使计算机变得更为智能。例如，斯坦福大学开发的 MYCIN 系统能够对血液病患者进行诊断并开出抗生素处方。尽管这一时期的知识表示、本体研究和机器翻译等领域取得了发展，但由于知识描述的复杂性和机器理解的困难，专家系统最终未能持续发展。

进入 20 世纪 90 年代后期，随着搜索引擎的诞生和普及，大量数据的可用性为人工智能的发展带来了新的转机。这一时期，以大数据为导向的机器学习技术开始兴起。深度学习技术的发展，结合大规模计算和大数据，将人工智能推向了一个新的时代。人工智能在语音识别、机器视觉、数据挖掘、智慧医疗等多个领域得到了广泛的应用。与以往以理论研究为主导不同，这一阶段人工智能发展更多地以资本为推手，以解决实际问题为目的，实现了从理论到实践的跨越[①]。

5.2 AI 技术在音频产业及有声书领域的应用

5.2.1 语音识别与自然语言处理

语音识别技术（Automatic Speech Recognition，ASR）是一种将人类的语音信号转换为文本信息的人工智能技术。它通过模拟人脑对语言的识别和理解过程，使计算机能够"听懂"人类的语言。这项技术的实现主要依赖于声学模型和语言模型的构建。声学模型负责将声音信号转换为声学特征，而语言模型则根据这些特征预测最可能的词序列。随着深度学习技术的发展，尤其是循环神经网络（Recurrent Neural Network，RNN）和卷积神经

---

① 林远红：《人工智能应用图书编目前景展望》，《内蒙古科技与经济》，2021 年第 5 期，第 129 页。

网络（Convolutional Neural Network，CNN）的应用，语音识别的准确性得到了显著提升。

语音识别技术的发展历程可以追溯到20世纪50年代，当时最初的尝试是通过模拟电路实现简单的语音识别。到了70年代，随着计算机技术的进步，基于模板匹配的语音识别系统开始出现。90年代，隐马尔可夫模型（Hidden Markov Model，HMM）成为语音识别中的关键技术，推动了语音识别技术的发展。进入21世纪，随着机器学习算法，特别是深度学习技术的应用，语音识别技术取得了突破性进展，识别准确率大幅提升[①]。目前，语音识别技术的应用场景非常广泛。

在有声书产业，语音识别技术可以用于自动生成有声书的字幕或将文本内容转换为语音，从而为用户提供便利。此外，语音识别技术在智能助手、自动客服、语音搜索、语音翻译等领域也有广泛应用。

自然语言处理（Natural Language Processing，NLP）是人工智能和语言学领域的一个分支，它旨在使计算机能够理解、解释和生成人类语言。NLP技术的核心是对人类语言的语法、语义和语用进行深入分析和处理。语言理解与生成是NLP的基石，它涉及对输入文本的解析，以识别关键信息如命名实体、关系和事件，并将其转换为计算机能够处理的结构化数据。此外，自然语言生成（Natural Language Generation，NLG）技术能够根据这些数据生成流畅、自然的语言输出，用于报告、总结或自动撰写文章。

情感分析是NLP中的一个关键应用，它通过分析文本中的情感倾向，如积极、消极或中性，来识别作者的态度或情绪。这

---

① 胡石、章毅、陈芳等：《基于HMM模型语音识别系统中声学模型的建立》，《通讯世界》，2017年第8期，第233页。

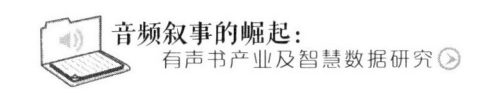

对于市场研究、品牌监控和客户反馈分析等领域至关重要。NLP 技术还支持多语言处理，这使得计算机能够跨越语言障碍，理解和处理不同语言的文本数据，极大地扩展了 NLP 应用的范围和影响力。

随着深度学习等先进技术的发展，NLP 技术在准确性和应用范围上都有了显著提升。机器翻译、语音助手、聊天机器人、内容推荐系统和自动摘要等都是 NLP 技术当前的主要应用场景。NLP 的进步不仅推动了人机交互的革新，也为数据分析和信息获取提供了新的途径，其应用前景广阔，对各行各业产生了深远的影响。

语音识别与自然语言处理技术的融合在有声书产业中开辟了诸多创新性的应用前景。通过自动化音频内容生成，这些技术能够将文本快速转换为语音，极大地提高了有声书的生产效率。AI 系统不仅能模拟自然的朗读节奏和语调，还能根据上下文适当调整情感表达，使得生成的音频更加生动和贴近真人朗读的效果。在有声内容的后期制作与优化方面，AI 技术通过智能编辑和校正，减少了人工审核的需求，确保了音频内容的准确性和专业性。此外，AI 技术在提升有声书的可访问性方面发挥着重要作用，它为视障人士、阅读困难群体和无暇捧读纸质书的现代人提供了便利，使他们能够通过听觉享受阅读的乐趣。通过语音命令和交互式功能，AI 助手使得用户能够更轻松地搜索、播放和控制有声书内容，从而为包括行动不便者在内的所有用户提供更加友好和个性化的听觉体验。随着技术的不断进步，未来有声书产业有望通过语音识别和 NLP 技术的结合，实现更加智能化和个性化的内容创作与服务。

5.2.2　个性化推荐系统

个性化推荐系统在当今信息爆炸的时代变得至关重要，它通过分析用户的行为、偏好和反馈来提供定制化的内容和服务。这种系统的核心优势在于能够显著提升用户体验，使用户在面对海量选择时能够快速找到自己感兴趣的内容，从而节省时间并增加满意度。通过个性化推荐，用户能够获得更加相关和吸引人的内容，这不仅可增强用户的参与度，还可提高用户对平台的忠诚度。

此外，个性化推荐系统对于市场细分和定位也起到了关键作用。通过深入理解不同用户群体的特定需求，平台可以更精准地定位市场，为不同的用户群体提供差异化的服务和产品。这种细分化策略有助于平台更有效地触达目标受众，提高营销效率，并最终增加转化率和收益。

在有声书产业，个性化推荐系统尤为重要。由于有声书内容的多样性和用户口味的个性化，推荐系统能够帮助用户在众多选项中发现自己喜欢的有声书籍，无论是基于题材、作者、朗读者还是基于书籍风格。个性化推荐系统不仅提高了用户的发现效率，还有助于推广更多类型和风格的有声书，从而丰富整个产业的生态。通过智能分析用户收听历史和偏好，个性化推荐系统能够不断学习和适应，为用户提供越来越精准的推荐，推动有声书产业向更加个性化和智能化的方向发展。

推荐算法是个性化推荐系统的核心，决定了如何将最合适的内容推荐给用户。主要的推荐算法类型包括协同过滤、内容推荐和混合推荐系统[①]。

协同过滤是一种基于用户行为的推荐方法，通过分析用户之间的相似性或项目之间的相似性来进行推荐。当一个用户与另一个用户在喜好上有相似之处时，系统会推荐那些相似用户喜欢但

---

① 周向红、邓新荣、黄万来：《大模型与推荐系统开启个性化推荐新篇章》，《上海信息化》，2024年第9期，第35页。

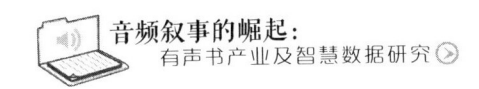

当前用户尚未接触的项目。这种方法在处理大规模用户数据时非常有效，尤其是在用户群体庞大且行为模式多样的情况下。

内容推荐则侧重于分析内容本身的属性，如文本、音频或视频内容的特征。通过识别和比较内容特征，系统能够推荐与用户之前喜欢的内容相似的项目。这种方法在处理具有丰富属性的多媒体内容时特别有用，因为它可以深入挖掘内容的内在联系。

混合推荐系统结合了协同过滤和内容推荐的优点，旨在提供更准确和全面的推荐。通过同时考虑用户的行为和内容的特征，混合推荐系统能够更好地理解用户的偏好，并推荐更符合用户兴趣的项目。这种方法在处理复杂和多样化的推荐任务时表现出色，能够平衡不同推荐策略的优势，提高推荐的相关性和准确性。

在选择推荐算法时，需要考虑多个因素，如数据的可用性、推荐系统的目标、用户行为的多样性以及内容的丰富性。每种算法都有其优势和局限性，因此在实际应用中，通常需要根据具体情况进行调整和优化。通过精心设计的推荐算法，个性化推荐系统能够更好地满足用户的需求，提供更加丰富和个性化的体验。

在 AI 驱动的推荐系统中，Amazon Personalize 和 Spotify 的个性化播放列表是两个表现非常突出的应用实例。Amazon Personalize 是一项完全托管的服务，利用机器学习模型为每个用户创建个性化推荐[1]。它通过分析用户的浏览和购买历史，预测用户可能感兴趣的商品或内容。这项服务不仅能够提升用户体验，增加用户黏性，还能显著提高转化率和销售额。Amazon Personalize 的灵活性和可扩展性使其成为电子商务平台和其他需要个性化推荐服务的企业的优选。

---

[1] 李杰、杨芳、徐晨曦：《考虑时间动态性和序列模式的个性化推荐算法》，《数据分析与知识发现》，2018 年第 7 期，第 72 页。

Spotify 则以其个性化播放列表闻名，这些播放列表基于用户的收听历史、偏好和行为模式生成。Spotify 的推荐算法利用协同过滤和内容推荐技术，分析用户对歌曲、艺术家和播放列表的互动，从而推荐符合用户口味的音乐。Spotify 的"Discover Weekly"和"Daily Mix"是两个典型的例子，它们每周为用户推荐新的音乐和个性化的混合播放列表。这种个性化体验不仅让用户发现新音乐，也增强了用户对平台的忠诚度。

Amazon Personalize 通过深入分析用户行为，为电子商务提供个性化的购物体验；而 Spotify 则利用音乐偏好，为用户提供个性化的音乐推荐。这些系统通过不断学习和优化，能够更准确地捕捉用户需求，提供更加精准和个性化的服务。随着技术的不断进步，AI 驱动的推荐系统在提供个性化体验方面将发挥越来越重要的作用，推动个性化服务向更深层次发展。

5.2.3 智能交互技术

智能助手与聊天机器人是人工智能技术在自然语言处理和机器学习领域的重要应用。这些系统通过模拟人类的对话方式，为用户提供交互式的服务和信息检索。技术架构层面，智能助手和聊天机器人通常由多个组件构成，包括自然语言理解（NLU）、对话管理（DM）、自然语言生成（NLG）和语音识别与合成（ASR/TTS）。NLU 负责解析用户的输入意图和实体，DM 根据意图引导对话流程，NLG 将系统的回答转化为自然语言，而 ASR/TTS 则负责处理语音输入和输出[1]。

智能助手和聊天机器人的应用范围非常广泛，从简单的查询应答到复杂的任务执行，都能够提供有效的交互体验。例如，在

---

[1] 赵丽娜、张盼：《智能助理机器人系统 AIML 语言处理分析》，《科技视界》，2019 年第 16 期，第 57 页。

客户服务领域，聊天机器人可以24小时不间断地回答用户的咨询，处理订单查询、退换货等问题。在智能个人助理方面，用户可以通过语音命令让助手设置闹钟、提醒事项或提供天气信息。此外，聊天机器人还可以用于教育、健康咨询和在线购物等场景，通过提供个性化建议和自动化服务，极大地提升了用户体验和业务效率。据统计，2023年，喜马拉雅88.7%的用户咨询是由AI驱动的智能客服处理解决的，平台的经营效率由此得以大幅改善[1]。

随着技术的进步，智能助手和聊天机器人正在变得更加智能和人性化。通过深度学习和强化学习，这些系统能够不断学习和适应用户的交流习惯，提供更加精准和自然的对话体验。同时，多轮对话管理和上下文理解的能力也在不断提升，使得智能助手和聊天机器人能够更好地理解用户的连续意图，并做出合理的响应。这些技术的融合和发展预示着智能助手和聊天机器人在未来将更加深入地融入人们的日常生活和工作。

语音用户界面（Voice User Interface，VUI）设计是智能交互技术中的关键组成部分，它使得用户能够通过语音与设备进行自然而直观的交流。VUI设计的核心在于创建一种既符合用户期望又能够准确传达指令的交互方式[2]。设计原则强调以用户为中心，确保界面直观易用，同时能够处理各种语言和方言的细微差别。这包括清晰地传达指令、提供有效的反馈以及处理错误或误解的情况。

用户体验优化是VUI设计中的另一个重要方面。为了提升用户满意度，设计者需要考虑如何使VUI更加自然和人性化。

---

[1] 晓东、于俊：《喜马拉雅以AI重构内容生态提升竞争力》，https://www.sh.chinanews.com.cn/kjjy/2024-06-27/125918.shtml。

[2] 吴宇、吴闻宇：《智能家庭场景下语音用户界面交互设计研究》，《工业设计》，2019年第1期，第140页。

这涉及对话的流畅性、响应时间的缩短以及个性化体验的提升。例如，VUI可以通过学习用户的偏好和习惯来提供更加个性化的服务。此外，VUI设计还需要考虑多轮对话的管理，确保系统能够理解用户在连续对话中的意图，并做出恰当的响应。

在实际应用中，VUI设计的成功与否往往取决于其对用户需求的敏感度和适应性。设计者需要不断地收集用户反馈，并通过A/B测试等方法来优化界面。通过这种方式，VUI可以变得更加智能，更好地满足用户在不同场景下的需求。无论是在家中控制智能家居设备，还是在车载系统中进行导航，VUI都提供了一种无需手动操作的便捷交互方式，极大地提升了用户日常生活和工作的效率。

随着技术的发展，VUI设计也在不断进步。集成了深度学习算法的VUI系统能够更好地理解用户的自然语言，并提供更加准确和及时的响应。这种智能交互技术的发展，预示着未来人机交互将更加自然和无缝，VUI将成为连接用户与设备的重要桥梁。

AI在客户服务中的应用正日益成为提升服务质量和效率的关键因素。通过自动客服系统，AI能够处理大量的客户咨询和问题，无论是通过电话、在线聊天还是移动应用。这些系统利用自然语言处理和机器学习技术来理解客户的需求，并提供快速准确的响应，减少客户等待时间，提高解决率。例如，自动客服系统可以回答有关产品信息、订单状态、退货政策等常见问题，甚至能够处理更复杂的任务，如自助结账或个性化推荐。

此外，AI在客户服务中的应用还包括实时语音翻译与交互，这使得平台能够跨越语言障碍，为全球客户提供服务。实时语音翻译技术可以将客户的语音实时转换成不同的语言，使得客服代表能够理解并回应各种语言的咨询。这种技术不仅提高了服务的可达性，还扩大了企业的潜在市场。

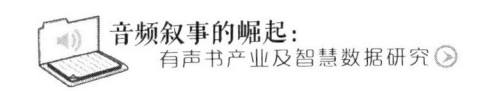

AI的另一个重要应用是在客户服务分析中,通过分析客户互动数据,可以获得宝贵的客户反馈和行为洞察。这些信息有助于优化服务流程,提升客户满意度,并制定更加个性化的服务策略。

随着AI技术的不断进步,未来客户服务将更加智能化和个性化。AI不仅可以预测客户需求,还能够提供定制化的服务体验。例如,通过分析客户的历史互动和偏好,AI系统可以主动推荐解决方案或产品,从而提高客户忠诚度和企业收益。展望未来,AI在客户服务中的应用正推动着服务流程向更高效、更智能的方向发展。

音频产业中的人工智能应用如图5-1所示。

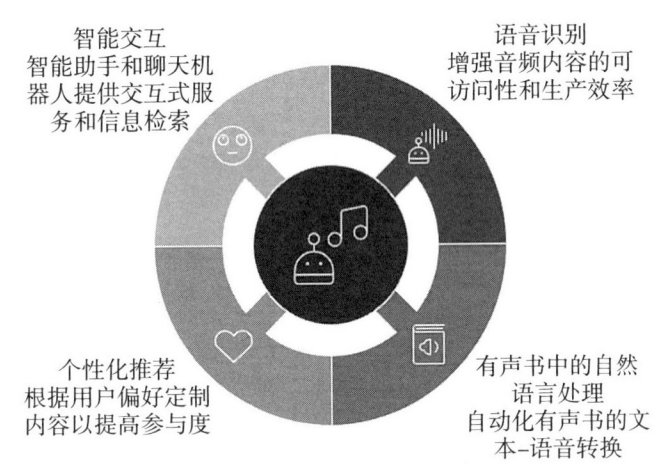

图5-1 音频产业中的人工智能应用

5.3 有声书产业智慧数据生成路径探析

5.3.1 智慧数据的学术概念与产业应用

智慧数据（Smart Data）是信息资源管理领域的一个前沿概念，它在大数据语境中产生，代表了数据资源更高级的组织形态，是实现带有多个"V"的大数据特征（Volume、Velocity、Variety、Veracity、Value）中最后一个"Value"（价值）的方法。作为大数据特征中"Value"的延伸，它强调的是如何通过智能技术从大量数据中提炼出具有实际应用价值的信息[①]。智慧数据不仅关注数据的规模和多样性，更关注数据的语义理解、可操作性和对决策的支持能力。

智慧数据不仅仅是量化的数字数据，它还包括各类可交换的数字资源。通过从数字化到数据化的转型，智慧数据形成了有价值的数据网络（Web of Data），能够通过对任何规模的可信的、情境化的、相关切题的、可认知的、可预测的和可消费的数据使用来获得巨大的洞察力[②]。智慧数据具有富语义性、可计算性、可溯源性与可信性等特征，强调从数据中获得见解和洞察力、揭示隐藏规律的潜力，因而具有更大的应用价值。

智慧数据的生成依赖于语义丰富化，这一过程涉及将数字资源中的隐含语义关系显性化，并在不同资源间构建语义链接，促进数字资源的互通、互联与集成。智慧数据通常带有自描述机制，背后有领域本体作支撑，使得这些数据符合特定的逻辑结构

[①] 范炜、曾蕾：《AI新时代面向文化遗产活化利用的智慧数据生成路径探析》，《中国图书馆学报》，2024年第2期，第7页。

[②] 李宗俊、范炜：《面向智慧数据的语义丰富化方法及应用评述》，《情报科学》，2021年第7期，第186页。

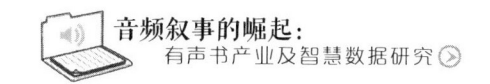

和形式规范,并支持推理。随着人工智能和大数据技术的发展,智慧数据的生成和应用将更加智能化和自动化,成为支持科学研究、决策制定和知识发现的重要基础设施。

智慧数据的生成和应用是一个动态过程,依赖于先进的技术手段,如人工智能、机器学习、自然语言处理等。这些技术帮助研究者从非结构化的海量数据中提取有价值的信息,并转化为知识。其应用不限于单一领域,它在科技情报分析、文化遗产保护、智慧城市建设等多个领域展现出巨大的潜力。在金融行业,智慧数据通过分析消费者行为和市场趋势,帮助银行和投资公司进行风险评估和投资决策。在医疗领域,它通过分析大量的医疗记录,辅助医生诊断疾病和制订治疗计划。在零售业,智慧数据则通过用户购买行为分析,实现精准营销和库存管理。而在有声书产业,智慧数据的需求集中在个性化服务、内容推荐和市场分析等方面,以增强用户体验和优化运营策略。

5.3.2　智慧数据生成的技术路径

智慧数据的生成是一个复杂而精细的过程,它涉及从数据采集到知识发现的一系列技术路径。首先,数据采集与预处理是智慧数据生成的基石。在这个环节,通过各种渠道如用户行为日志、音频内容的元数据等,收集原始数据。这些数据随后经过清洗和标准化,确保质量和一致性,为后续的分析打下坚实的基础。

知识表示与本体构建是构建智慧数据体系的关键步骤。在这个过程中,通过构建有声书行业的本体模型,明确内容的分类、属性和关系,使得数据之间能够相互关联,形成一个有组织的知识体系。这样的模型不仅有助于更好地理解和组织数据,而且为语义理解和内容挖掘提供了结构化的框架。

语义理解与内容挖掘是智慧数据生成过程中的另一个重要环

节。利用自然语言处理技术，可以深入分析有声书的内容，提取关键信息，理解用户的意图和偏好。这不仅能够帮助系统更好地理解用户需求，而且能够为内容创作提供指导。

最后，数据融合与知识发现是将不同来源的数据整合起来，从中发现有价值的知识。数据融合技术可以将结构化数据与非结构化数据结合起来，形成一个全面的视角。在这个基础上，利用机器学习和数据挖掘技术，可以发现数据之间的潜在联系，挖掘出深层次的知识，为决策提供支持。

整个智慧数据生成的技术路径是一个连续的、相互依赖的过程（见图5-2）。从数据的采集与预处理，到知识表示与本体构建，再到语义理解与内容挖掘，最后是数据融合与知识发现，每一步都为下一步打下基础，共同推动着智慧数据的生成和发展。这一过程不仅能够提高数据处理的效率和准确性，而且能够为有声书产业带来更深入的洞察和更有价值的知识。

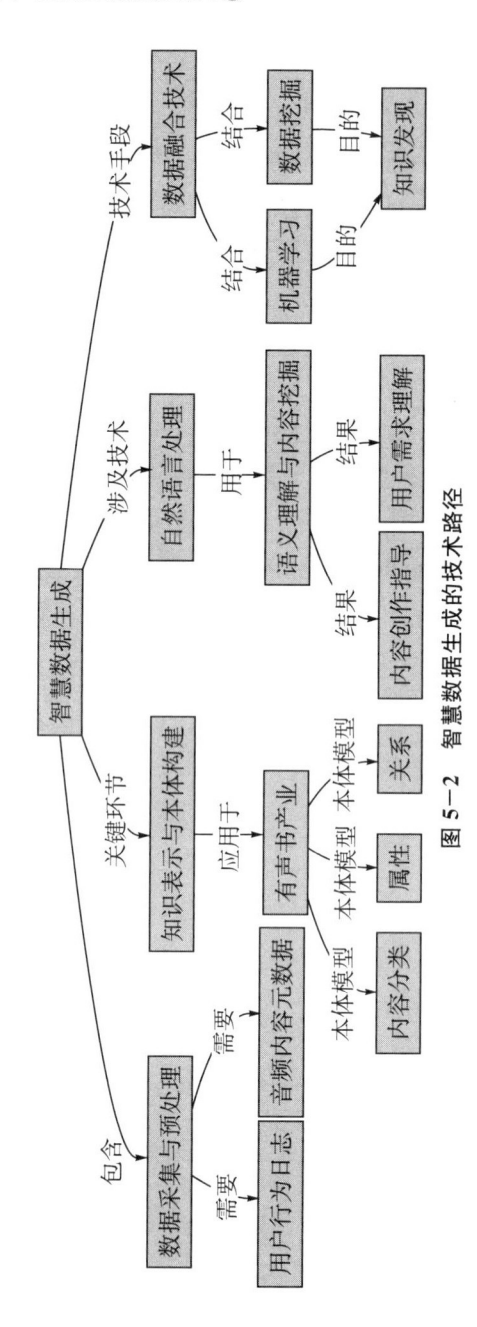

图 5-2 智慧数据生成的技术路径

5.4 有声书产业现存痛点与智慧数据解决策略探讨

有声书产业在快速发展的同时，也面临着一系列挑战。近年来，研究者基于用户体验视角，对有声书产业现存的突出问题进行了探讨。例如，周睿等通过对有声阅读产品的问卷调查和用户访谈，指出快消出版模式导致的内容质量下降、产品操作流程和交互设计的不完善及内容推荐机制的局限性是目前有声阅读产业亟须解决的问题[1]；韩生华等选取了喜马拉雅、蜻蜓FM、荔枝FM等8款具有代表性的有声阅读APP，通过对用户评论进行主题分析，发现用户的负面评价主要集中在营销模式、应用技术和产品内容上[2]；陈曦、宫承波通过对青年白领用户的问卷调查和深度访谈，指出语音识别理解的准确性、产品个性化定制和数据隐私安全管理是影响智能音频用户体验的关键因素[3]；刘一鸣、谢泽杭基于用户体验蜂巢模型的六要素，考察喜马拉雅、得到等国内有声知识付费平台，指出同质化内容、低黏性平台和高获取成本是影响用户体验、制约行业发展的主要因素[4]；伍园园等通过对音频知识付费平台用户的问卷调查与统计，发现内容质量参差不齐、同质化现象严重和定价策略不合理是影响用户满意度的

---

[1] 周睿、孙杉、费凌峰：《"全民阅读"背景下移动有声阅读的用户体验探析》，《创意设计源》，2020年第6期，第16页。
[2] 韩生华、郑东和、李易蓉：《可用性理论视角下有声阅读APP用户体验及发展策略探析》，《中国出版》，2023年第6期，第24页。
[3] 陈曦、宫承波：《智能出版视野下有声读物内容的四个"供给侧"》，《出版广角》，2019年第16期，第24页。
[4] 刘一鸣、谢泽杭：《基于用户体验蜂巢模型的有声知识胶囊场景发展研究》，《视听界》，2020年第6期，第42页。

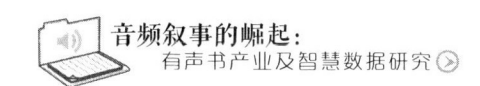

主要因素①；吕颖莉通过对蜻蜓 FM 的短音频节目的用户进行问卷调查和深度访谈，发现该平台在带给用户的情感体验方面还存在进步空间②。

艾媒咨询数据显示，用户在选择音频类知识付费产品时，优先考虑的因素是内容丰富度，其次是界面设计舒适度，最后是价格合适、操作整洁度以及主播专业度等因素（见图 5-3）。随着在线音频的用户基础不断扩大，音频平台需进一步稳固自身内容优势，持续深入挖掘垂直领域的内容布局，拓展内容细分品类，满足用户多样化的收听需求。

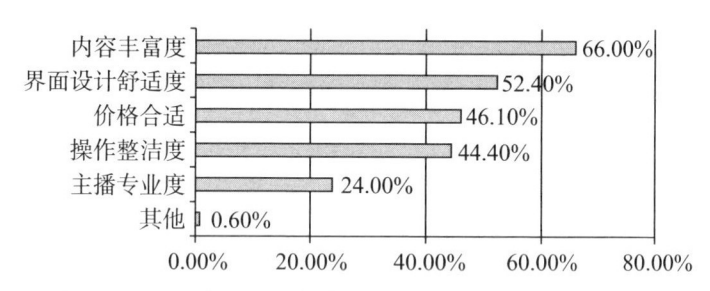

因素	百分比
内容丰富度	66.00%
界面设计舒适度	52.40%
价格合适	46.10%
操作整洁度	44.40%
主播专业度	24.00%
其他	0.60%

图 5-3　2022 年中国用户选择音频类知识付费产品考虑因素

（来源：艾媒咨询）

综合近年来针对有声书领域的行业报告、市场调查和学术研究，目前我国有声书产业存在的痛点主要体现在以下四个方面：

第一，内容质量与同质化问题。用户反映比较突出的，是有声书产业在内容生产方面存在着质量参差不齐和内容同质化的问题。用户期望获得高质量、原创性的内容，但市场上的供给在内容维度的选择上过于集中、缺乏创新，导致用户体验的"有用

---

① 伍园园、赵田歌、冯杰勋等：《用户体验视角下的音频知识付费平台主要缺陷与应对策略研究》，《声屏世界》，2020 年第 4 期，第 100 页。
② 吕颖莉：《蜻蜓 FM 短音频的用户体验研究》，《新闻研究导刊》，2021 年第 5 期，第 23 页。

第5章 AI时代有声书产业智慧数据生成路径探析

性"和"可用性"削弱,降低有声阅读场景黏性。此外,有声书行业准入门槛不高,许多内容由兼职人员作为"副业"在业余时间创作,内容裂变虽然增速显著,精品却相对稀少,难以满足井喷式增长的有声书市场需求。

第二,营销模式问题。营销模式也是用户对有声书平台产生负面评价的主要原因之一。广告过多且伴随恶俗低劣的内容,推送无法取消甚至半夜弹出,在降低用户阅读连贯性和沉浸感的同时,也拉低了平台的品牌形象。此外,部分平台还存在隐性消费,如在不明显的位置设置自动续费、会员仍然额外扣费等。一些平台为了吸引用户,推出积分提现、礼品兑换等活动,但某些虚假宣传与实际服务不相符,用户对提现失败、礼品失效等问题表达了不满。平台运营模式混乱导致的诸多缺陷,不仅干扰了用户对有声阅读模式的正常体验,也降低了用户对平台的信任度。

第三,用户界面和交互设计问题。用户在使用移动有声阅读产品时,期望能够快速通过界面布局、搜索框等功能找到自己想要收听的内容,但从问卷反馈来看,复杂的界面布局、不清晰的导航逻辑、不精准的搜索功能,以及缺乏个性化推荐的系统,都大大降低了内容的"可寻性"和"可达性"。此外,交互设计中的响应性问题,如系统卡顿和响应慢,也影响了用户的操作流畅性。平台的可访问性设计不足,可能将有特殊需求的用户排除在外。同时,多设备同步功能的不完善,也在一定程度上影响了用户体验。

第四,数据隐私和安全问题。在数字化时代背景下,用户对个人隐私和数据安全的关注日益提升,使得数据隐私和安全成为有声阅读平台必须严肃对待的问题。用户担忧自己的个人信息在数据收集、存储和使用过程中可能遭遇泄露或滥用,特别是当平台在未经充分告知的情况下收集用户数据,或在数据保护措施不充分的情况下处理用户信息时。此外,随着有声阅读平台功能的

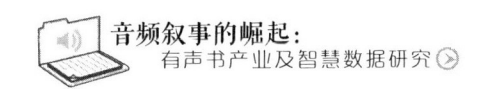

扩展，如社交分享、个性化推荐等，用户数据的流通和使用变得更加复杂，这进一步加剧了数据隐私和安全的风险。用户问卷显示，他们对平台的隐私政策和数据使用条款缺乏了解，对数据如何被收集、分析和共享感到不确定。因此，平台如何处理用户数据同样是有声书产业健康发展的关键问题。

面对这些产业痛点，学术界提出了一些富有建设性的对策，而结构性的改善则有赖于智慧数据的驱动。AI时代的技术进步，尤其是智慧数据的深度应用，使有声平台能够更加精细地洞察用户需求，预测市场趋势，并据此制定出更为精准的解决方案。整合先进的数据分析技术和人工智能技术，可以为产业痛点提供创新的解决路径，推动有声书产业的转型升级（如图5-4所示）。

图5-4 针对产业痛点的智慧数据解决方案

针对内容质量与同质化问题，智慧数据的应用可以通过分析用户行为和偏好，为内容创作者提供指导，帮助他们开发出更符合市场需求的、高质量的原创性内容。利用大数据分析，平台可以识别用户对特定类型内容的需求趋势，从而鼓励创作者探索新的题材和风格，减少内容同质化现象。此外，智慧数据还可以辅助平台建立更严格的内容审核和质量控制机制，确保发布的有声书内容达到一定的标准，满足用户对优质内容的期待。

针对营销模式问题，智慧数据能够帮助有声书平台更精准地进行市场定位和用户分群,实现个性化营销。通过分析用户反馈和行为数据,平台可以优化广告推送策略,减少对用户的骚扰,同时提高广告的相关性和吸引力。智慧数据还可以帮助平台识别和避免隐性消费等问题,通过透明的定价策略和清晰的服务说明,增强用户信任度。此外,通过监测和分析用户对营销活动的响应,平台可以及时调整营销模式,提升品牌形象。

对于用户界面和交互设计问题,智慧数据可以提供用户界面使用情况的深入洞察,帮助平台优化界面布局和导航逻辑,提升用户体验。通过收集和分析用户的交互数据,平台可以发现用户在使用过程中的痛点和需求,进而对搜索功能、个性化推荐系统等进行改进,提高内容的可寻性和可达性。同时,智慧数据还可以辅助平台进行 A/B 测试,测试不同的设计变更对用户体验的影响,快速迭代,找到最佳的用户界面设计方案。

在数据隐私和安全问题上,智慧数据的应用可以帮助有声书平台建立更加完善的数据管理体系。通过分析用户对隐私政策的反馈和担忧,平台可以优化隐私保护措施,加强数据加密和安全防护,确保用户信息的安全。智慧数据还可以帮助平台进行风险评估和合规性检查,确保数据处理活动遵循相关法律法规。此外,通过智慧数据的分析结果,平台可以更加透明地向用户展示其数据收集、使用和保护的情况,增强用户对平台的信任感。

5.5 智慧数据应用于有声书产业的全流程分析

5.5.1 数据采集与整合

构建有声书产业的智慧数据系统,数据采集与整合是至关重要的第一步。这一阶段的核心任务是将来自不同渠道和不同格式的数据汇集到一起,形成一个统一的数据仓库。这不仅包括用户

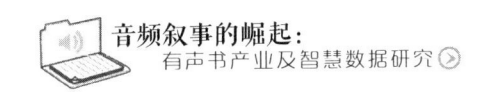

的收听行为数据，如播放次数、收听时长、跳过或重复收听的章节等，也涵盖了内容元数据，如作者信息、书籍类别、发布日期、关键词等（本书第 4 章对元数据的优化方案进行了详细探讨），以及市场反馈，包括用户评分、评论、社交媒体上的讨论和趋势等。这些数据的整合，为后续的深入分析提供了丰富的原材料。

数据采集的过程需要精心设计，以确保数据的全面性和准确性。用户行为数据可以通过有声书平台的后台系统自动收集，而内容元数据则需要与出版社、作者或内容提供者紧密合作，确保信息的更新和准确性。市场反馈的收集则更为复杂，需要利用网络爬虫技术以及自然语言处理技术，从海量的在线内容中提取有价值的信息。

数据融合技术在这一环节中扮演着至关重要的角色。它不仅仅是简单地将数据堆砌在一起，而是要通过清洗、标准化和转换等步骤，确保数据的一致性和可比性。例如，不同来源的用户行为数据可能使用不同的时间戳格式，数据融合技术需要将这些格式统一，以便于进行时间序列分析。同样地，不同平台的市场反馈可能包含不同的情感倾向和评价标准，数据融合技术需要将这些评价标准化，以便于进行情感分析和趋势预测。

构建统一的数据仓库是数据采集与整合的最终目标。这个数据仓库应该是动态更新的，能够实时反映用户行为和市场变化。它应该是多维的，能够从不同的角度和层面对数据进行组织和索引，以便于进行各种复杂的查询和分析。更重要的是，这个数据仓库应该是安全的，采取适当的数据保护措施，确保用户隐私和数据安全。

在数据采集与整合的过程中，还需要考虑到数据的伦理和合规性问题。随着数据保护法规的日益严格，如何在保护用户隐私的前提下进行数据采集和分析，成为不容忽视的问题。这要求设计者在设定数据采集和融合流程时，考虑到数据的最小化原则、用户的知情同意权以及数据的匿名化处理等。

此外，数据采集与整合还需要考虑到技术的可扩展性和灵活性。随着有声书产业的快速发展，新的数据源和数据类型将不断出现，系统需要能够快速适应这些变化，及时地将新的数据源纳入数据仓库。同时，随着数据分析技术的进步，系统也需要能够支持新的分析方法和模型，以充分挖掘数据的潜在价值。

数据采集与整合是构建有声书产业智慧数据体系的基础（见图 5-5）。精心设计的数据采集流程、先进的数据融合技术和动态更新的数据仓库能够为后续的数据分析提供坚实的基础。同时，还需要在保护用户隐私、确保数据安全的前提下，不断优化和完善数据采集与整合的流程，以适应产业的发展和变化，充分挖掘数据的潜在价值，推动有声书产业的持续发展。

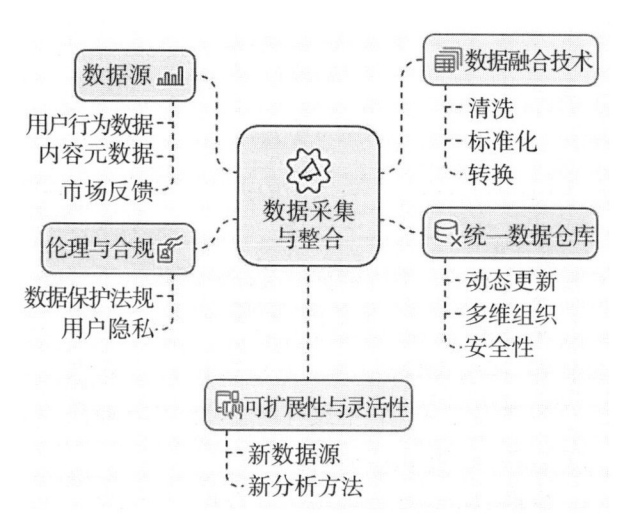

图 5-5　智慧数据体系的基础：数据采集与整合

5.5.2　知识表示与本体建构

这一环节的核心任务是构建一个全面的行业本体，它不仅定

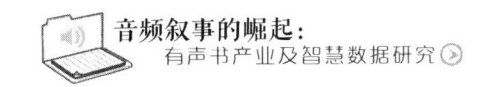

义了有声书内容的分类、属性和关系，而且为数据的组织和分析提供了一个清晰的框架和指导。

首先，行业本体的构建基于对有声书行业的深入理解，包括其独有的特征、术语和概念。本体构建的第一步是定义分类，即将有声书内容按照不同的维度进行分组，如按照内容类型（文学、历史、教育、商业等）、用户年龄段（儿童、青少年、成人等）、语言（普通话、英语、方言等）、热门榜单（畅销书、新书上架等）、责任者（作者、播讲者、出版社等）分类。这些分类有助于用户更快地找到感兴趣的内容，同时也为数据分析提供了一个结构化的视角。

其次，本体构建需要明确内容的属性，这些属性描述了有声书的特征和特性。例如，一部有声书的属性可能包括其时长、语言、是否删节、朗读者的身份等。这些属性不仅丰富了对书籍的理解，而且在数据分析时提供了更多的维度，使得分析结果更加细致和全面。

此外，本体构建还涉及定义实体之间的关系。在有声书行业中，这些关系包括书籍与作者之间的关系、书籍与流派之间的关系、用户与书籍之间的互动关系等。明确这些关系对于理解行业的运作机制至关重要，也为数据的关联分析提供了基础。

构建行业本体的过程需要多学科知识的融合，包括图书情报学、信息管理科学、语言学等。本体构建的结果是一个结构化的、层次化的知识体系，它不仅有助于标准化行业内的交流，也为数据的整合和分析提供了便利。

利用本体模型指导数据的组织和分析，意味着在数据采集、存储和处理的过程中，都遵循本体模型的规则和结构，其优势是确保数据的一致性和可比性，同时也方便数据的检索和利用。例如，在查询特定流派的所有书籍时，本体模型提供了一个清晰的路径，使得查询过程更加高效。

第5章 AI时代有声书产业智慧数据生成路径探析

此外，本体模型还可以作为数据分析的出发点，指导分析人员从哪些角度进行探索，如何解释分析结果。例如，在进行用户行为分析时，本体模型可以帮助分析人员理解用户偏好与书籍属性之间的关系，从而提供更有针对性的推荐。

在知识表示与本体构建的过程中，技术的应用不可或缺。现代的本体构建技术，如本体编辑工具、自动化分类算法、自然语言处理等，都可以大大提高构建效率，保证构建质量。这些技术可以将非结构化的数据转化为结构化的知识，为智慧数据分析打下坚实的基础。

知识表示与本体构建在有声书产业的智慧数据分析中扮演着基础而关键的角色（见图5-6）。构建一个全面、准确的行业本体，不仅能更好地组织和理解数据，也能够从中发现深层次的模式和趋势，为企业的战略和运营决策提供有力的支持。随着人工智能和大数据技术的发展，本体构建的方法和应用将更加多样化和智能化，为有声书产业带来更多创新服务模式。

图5-6 智慧数据体系的关键：知识表示与本体建构

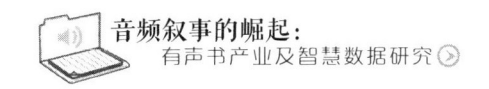

5.5.3　语义理解与内容挖掘

实现语义理解与内容挖掘的核心在于应用自然语言处理（NLP）技术深入分析有声书内容，提取关键信息和主题，并通过情感分析理解用户对内容的情感倾向。

NLP 技术的应用使得计算机能够理解和处理人类语言，通过使用诸如词性标注、命名实体识别、句法分析等 NLP 工具，从有声书的文本内容中识别出关键词汇、短语、人物、地点和事件等信息。这些信息构成了有声书内容的基本构成要素，为进一步的内容挖掘和分析提供素材。

对这些关键信息进行深入分析，可以挖掘出有声书的主题和子主题。例如，一部历史类的有声书可能会围绕特定的历史事件或人物展开，通过 NLP 技术的应用，系统可以快速识别出这些主题，并对书籍内容进行分类和标签化，从而为用户提供更加丰富和精准的内容推荐。

此外，情感分析在内容挖掘中也发挥着重要作用。分析用户的评论和反馈，可以了解用户对有声书内容的情感倾向，如积极、消极或中性。这不仅可以帮助平台评估内容的受欢迎程度，还可以为内容创作者提供客观的反馈，指导他们创作更符合用户品位的作品。

情感分析还可以应用于有声书内容本身。对书籍文本进行情感倾向性分析，可以识别出书籍的情感色彩，如激励、悲伤、幽默等。这不仅可以帮助用户根据情感色彩选择适合自己的书籍，也可以为有声书的营销和推广提供依据。

在语义理解和内容挖掘的过程中，诸如深度学习、词嵌入等现代 NLP 技术可以大大提高分析的准确性和效率。通过训练语言模型，系统可以更好地理解语言的复杂性和多样性，从而更准确地挖掘出有声书的深层含义。

第5章 AI时代有声书产业智慧数据生成路径探析

另外,语义理解和内容挖掘还可以与其他数据分析技术相结合,如主题建模、用户行为序列分析等,以获得更全面的洞察。例如,结合主题建模,可以识别出文本中的主要话题和讨论点;而通过用户行为序列分析,可以识别用户收听有声书时的行为模式,比如用户倾向于在哪些时间段收听、哪些类型的书籍更可能吸引用户连续收听等。这种分析有助于理解用户在不同情境下的行为偏好,从而提供更为精准的个性化推荐。此外,通过社交网络分析,可以了解书籍推荐和用户讨论如何在社交网络中传播,识别影响力者和社交网络中的社群结构,进一步优化推荐策略和营销活动。

语义理解与内容挖掘构成了有声书产业智慧数据分析的核心支柱(见图5—7)。借助NLP和情感分析等先进技术,平台能够深刻洞察有声书内容的内在价值,把握用户情绪的细微变化,从而为有声书的创作方向、个性化推荐系统和市场推广策略提供数据驱动的决策依据。随着NLP技术的持续进步,这一环节预计将在有声书产业的智慧数据分析中扮演更加关键的角色,开启更多创新可能性。

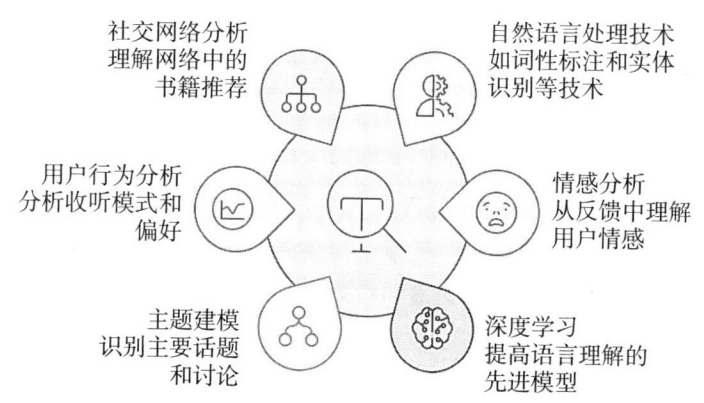

图5—7 智慧数据体系的支柱:语义理解与内容挖掘

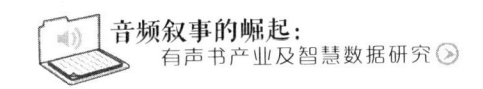

5.5.4 知识发现与决策支持

知识发现与决策支持是将数据转化为实际价值的关键步骤。这一目标依托于机器学习算法的强大能力，能够从海量的数据中识别出模式和趋势，为有声书平台的决策提供科学依据和支持。

知识发现的起点是对数据的深入理解。通过数据采集与整合构建的统一数据仓库，系统获得了丰富的用户行为数据、内容元数据和市场反馈等多源数据。这些数据经过清洗、标准化和整合后，可形成一个全面的数据视图，为机器学习算法的应用打下基础。

利用机器学习算法，可以对这些数据进行更深层次的分析。聚类算法有助于识别用户群体的特征和偏好，关联规则挖掘有助于发现不同变量间意想不到的关联，预测模型能够预测市场的发展趋势和用户的未来行为。例如，通过分析用户的收听历史和评分行为，算法可以预测用户可能感兴趣的新作品，为推荐系统提供精准的推荐列表。

此外，知识发现过程中的模式和趋势识别，不仅能够为个性化推荐提供支持，也能够为有声书的创作和生产提供指导。通过分析市场上的热门高分作品，内容创作者可以更好地把握市场动向，创作出更符合用户需求的作品。

决策支持系统则是知识发现的直接应用。系统通过提供数据驱动的洞察和预测，辅助有声书平台制定战略和运营决策。例如，在市场推广活动中，决策支持系统可以根据用户的行为和偏好，推荐最有效的营销渠道和策略。针对广受诟病的广告弹窗及无效推送现象，系统可以根据用户对于流派、朗读者等因素的特定偏好，在他们最活跃的时段发送个性化的推送，从而提高广告的点击率和转化率。又如，对于一部新发布的有声书作品，系统可以根据预发布期间用户的关注度和反馈，以及同类产品的价格区间,制定合理的定价策略。

随着机器学习技术的不断进步,智慧数据驱动的知识发现与决策支持能力也在不断提升(见图5-8)。深度学习、强化学习等先进技术的应用,使得系统能够处理更加复杂的数据,提供更加精准的预测和建议。同时,自然语言处理和语音识别技术的发展,也为处理非结构化数据提供了可能,进一步丰富了数据源,提高了分析的深度和广度。

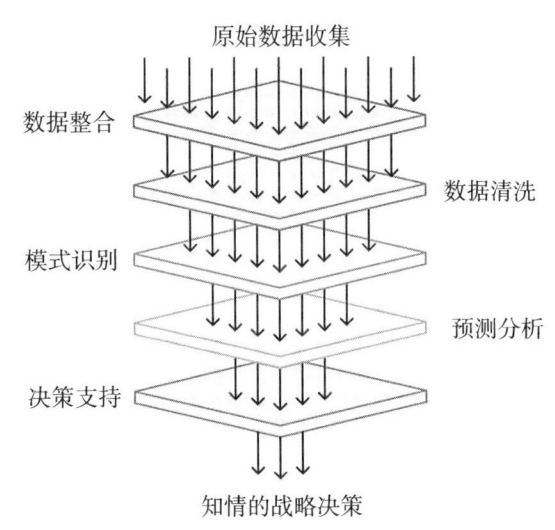

图5-8 智慧数据驱动的知识发现与决策支持

5.5.5 智慧数据应用于有声书产业的全流程总结

智慧数据在有声书产业的应用构成了全面而深刻的变革驱动力,它通过一系列连续且相互关联的步骤,将原始数据转化为具有实际应用价值的洞察和决策(见图5-9)。从数据采集与整合的初步阶段,到知识表示与本体构建的结构化过程,再到语义理解与内容挖掘的深入分析,每一步都为理解用户行为和市场动态提供了坚实的基础。最终,知识发现与决策支持将这些洞察转化

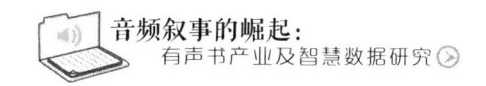

为行动，指导有声书平台在内容创作、个性化推荐、市场策略等方面做出更明智的选择。随着技术的不断演进，智慧数据的应用不仅可以优化现有的业务生态，还将开辟新的服务模式和增长机会，为有声书产业的创新发展注入持续动力。

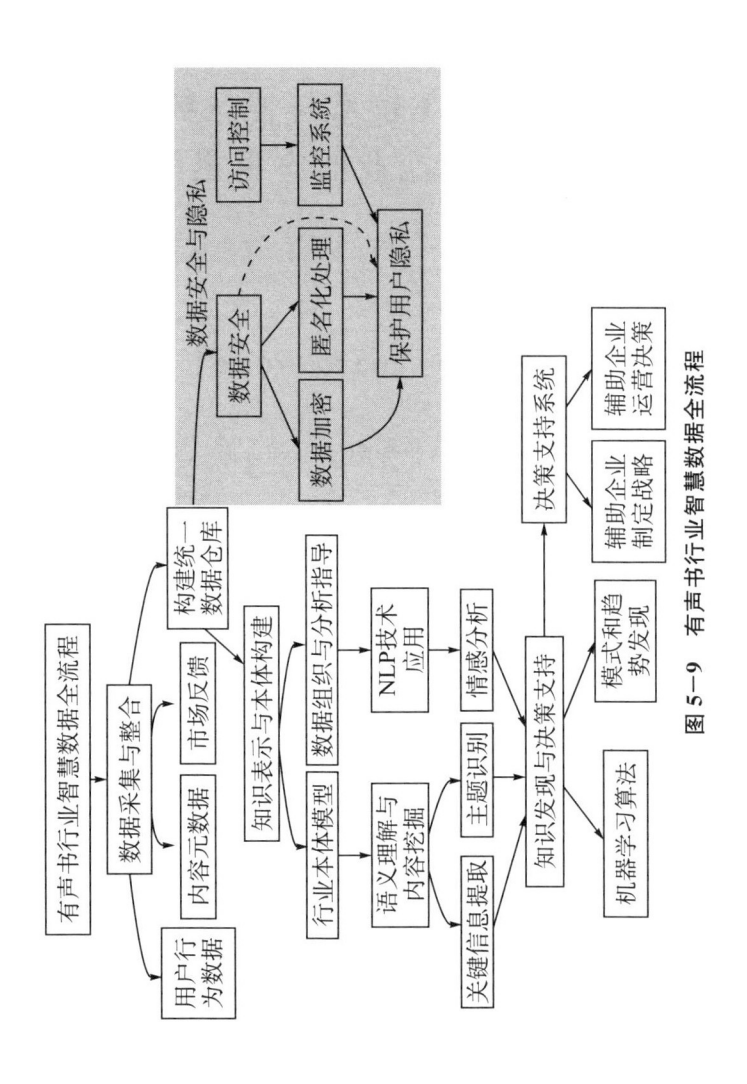

第5章　AI时代有声书产业智慧数据生成路径探析

图 5-9　有声书行业智慧数据全流程

第6章　AI技术与智慧数据在有声书产业的应用案例

6.1　亚马逊的 Whispersync for Voice 技术

亚马逊以在线销售图书业务起家，现今是家喻户晓的电商平台和科技巨头，以电子商务、云计算、数字流媒体、人工智能和实体零售著称。其核心业务是 AWS 云计算服务，同时在人工智能领域也处于领先地位。2001年，亚马逊推出了自己的电子阅读器——Kindle，凭借其优良的阅读体验和不断创新的科技功能，Kindle 迅速占领市场，成为电子书阅读器的代名词。2008年，亚马逊以大约3亿美元的价格收购了 Audible 有声书公司。通过对两大平台的融合，亚马逊成功地将传统阅读体验带入数字时代，为用户提供了一个全新的多模态阅读生态系统。

亚马逊的 WhisperSync for Voice 技术，是一项允许用户在 Kindle 电子书和 Audible 有声书之间无缝切换和同步的服务。当用户在 Kindle 设备上阅读电子书时，他们的阅读进度会被记录并与 Audible 账户同步。当用户决定听这本书的有声版时，Audible 会从 Kindle 记录的最新进度开始播放，用户可以在听有声书时随时切换回 Kindle 电子书阅读，反之亦然。这种切换不会丢失进度，因为两种格式的书籍共享相同的进度标记。无论是在 Kindle 电子阅读器还是通过 Kindle 应用程序在智能手机、平

第 6 章　AI 技术与智慧数据在有声书产业的应用案例

板电脑或个人电脑上，Whispersync 技术都能够工作，确保用户在不同设备上都能获得一致的体验。

关于 Whispersync for Voice 技术的应用场景，《科学美国人脑科学》（*Scientific American Mind*）杂志编辑 Karen Schrock Simring 曾这样描述——"我的典型阅读时间表从早上开始：当我遛狗时，我通过智能手机听有声书。当我排队等候时，我会切换到在手机上的 Kindle 应用程序阅读这本书。当做家务时，我会通过电脑收听家庭立体声系统的讲述。晚上睡觉前，我会在 iPad 上再读一会儿。在所有这些转换过程中，Whispersync for Voice 会在幕后标记我的阅读位置，所以我永远不需要搜索上次离开的地方。"受益于这项技术，作者的阅读量从一年两本书，变成三个月内不知不觉读完 14 本小说，"书籍以一种重要的方式重新回到了我的生活中"[①]。用户反馈表明，Whispersync for Voice 技术极大地增强了读者的阅读耐力，使他们能够更长时间地保持对书籍的兴趣，当然也为那些视力疲劳或有阅读障碍的读者提供了便利。

WhisperSync for Voice 技术的开发实现涉及多种计算机技术的综合应用，包括数据库管理、时间戳处理、自然语言处理、用户界面设计、机器学习以及数字版权管理等。首先，系统需要追踪用户的阅读和听书行为，使用传感器和软件记录用户在 Kindle 设备上的翻页、阅读速度和阅读时长等行为数据，它依赖于先进的音频识别和处理技术，以确保有声书与电子书内容的精确对应。其次，云同步技术在其中发挥了关键作用，它允许用户的阅读进度在所有设备上实时更新。此外，运用 AI 技术，如自然语言处理（NLP）和模式识别，系统能够识别和匹配

---

① Karen Schrock Simring：MIND Reviews Whispersync for Voice, https://www.scientificamerican.com/article/mind-reviews-whispersync-for-voice/.

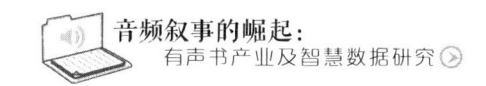

Kindle 电子书和 Audible 有声书中的相应内容,确保两者之间的同步精确无误。在某些可提供支持的设备上,当用户在听有声书时,屏幕上可以实时渲染对应的文本,以增强阅读体验。

这个流程可以简单描述为:用户在 Kindle 上阅读电子书→阅读行为数据被同步到云端→云端的 AI 分析用户数据→用户数据与 Audible 有声书内容进行匹配→用户在 Audible 上听有声书→云端同步用户的阅读进度到 Audible→用户切换回 Kindle 电子书→进度自动更新→Kindle 收集用户的阅读反馈(见图 6-1)。

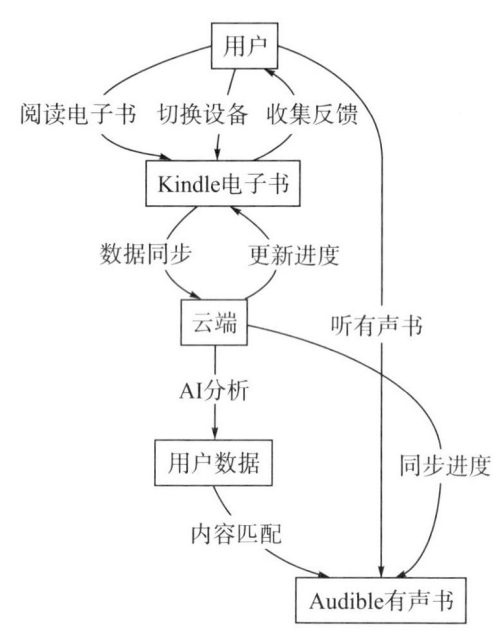

图 6-1 WhisperSync for Voice 的工作原理

Whispersync for Voice 功能以 AI 技术和智慧数据的深度融合,为用户带来无缝、个性化且跨设备的阅读和听书体验,不仅丰富了用户的阅读选择,也提升了阅读效率和记忆深度,极大地释放了碎片时间的阅读效益,引领着数字阅读的创新发展。

6.2 Spotify 的个性化推荐算法

Spotify 最初是一家瑞典的音乐流媒体服务平台，于 2008 年问世，目前全世界用户数量超过 5.51 亿，拥有 2.2 亿高级付费用户[1]，在全球互联网音乐市场中处于领军地位。其优势除了庞大的音乐版权库与合理的付费订阅模式，最为人所称道的就是其先进的个性化推荐算法。近年来，随着播客、有声书等音频叙事的崛起，Spotify 不再满足于仅仅作为音乐平台，而是致力于打造音乐、播客、有声书等音频内容全覆盖的"全音频形式消费平台"(All-Consuming Audio Platform)。

2021 年，Spotify 收购了著名的有声书发行公司 Findaway，后者是全球有声书产业链中举足轻重的中盘公司，其合作对象包括亚马逊 Audible、苹果 iBooks、谷歌、Storytel 等。2022 年 9 月，在拥有上亿首歌曲、约 500 万个播客的基础上，Spotify 的有声书板块"Spotify Audiobooks"正式在美国上线，用户可以购买和收听超过 30 万本有声书。同年，该公司又迅速将业务扩展到英国、澳大利亚等国家。2023 年 3 月，Spotify 在加拿大推出了有声书服务[2]。

Spotify 的个性化推荐算法是其核心竞争力之一。该算法基于用户的历史行为、偏好以及实时的反馈，通过机器学习技术不断优化推荐结果，使用户能够发现并享受更符合个人口味的音乐和有声书内容。Spotify 的算法不仅考虑了用户的显性反馈（如播放、跳过、喜欢等操作），还深入分析了用户的隐性行为（如

---

[1] 许惟一：《Spotify 能否挑战亚马逊有声书业霸主地位？》，《国际出版周报》，2024 年 1 月 29 日第 1 版。

[2] 王昇、张晓菲：《播客与有声书驱动下的国际数字音频行业发展趋势研究》，《视听界》，2024 年第 1 期，第 40 页。

收听时间、频率等），从而实现了高度个性化的推荐体验。可以预见，Spotify将这一推荐算法应用于有声书领域，将具有显著的优势。一方面，Spotify能够根据用户在音乐收听上的行为和偏好，智能推荐相似风格的有声书；另一方面，随着有声书用户行为数据的增加，Spotify的算法有能力实现愈加精确的推荐，并且能够分析市场趋势和用户群体的特征，为内容供应商和作者提供数据支持。此外，各家出版公司也期待Spotify的推荐算法能够促进有声书市场的长尾效应，使得更多细分领域和小众作品得到关注和推广，从而丰富整个有声书市场的生态。

Spotify推荐系统的核心是协同过滤技术，它通过分析用户的播放、喜欢、跳过和收藏等行为数据，发现用户间的相似性，从而推荐其他相似用户喜欢的音乐。这种个性化的推荐方式，不仅能够满足用户的已知偏好，也能够引导他们发现新的音乐风格和艺术家。为了更深入地理解用户的音乐品位和情感倾向，Spotify利用自然语言处理技术分析社交媒体和在线音乐论坛的文本数据。通过识别音乐的属性和用户的情感状态，Spotify的推荐系统能够更精准地匹配用户的音乐需求。此外，Spotify开发的音频分析工具能够深入挖掘歌曲的节奏、调式、和声等音乐特征，这些特征成为推荐算法中不可或缺的一部分，帮助系统理解音乐的内在属性，为用户推荐风格和情感相匹配的歌曲。

Spotify的个性化播放列表，如"Discover Weekly"和"Daily Mix"，展示了其算法根据用户的收听历史和偏好自动更新的能力，为用户提供了一个持续进化的音乐发现历程。同时，Spotify的推荐系统还考虑了时间、地点和用户当前活动等上下文因素，实现了上下文感知推荐，使得音乐推荐与用户的生活场景无缝融合。而深度学习技术的应用，进一步解锁了用户偏好和音乐模式的复杂性。系统使用神经网络来识别这些复杂的模式，提高了推荐的准确性。此外，Spotify的推荐策略还包括多臂老

第6章 AI技术与智慧数据在有声书产业的应用案例

虎机算法，用于平衡探索新内容与利用已知用户喜好之间的关系，确保在保持用户满意度的同时，引入新的音乐元素。

为了持续优化推荐系统，Spotify 定期进行 A/B 测试，评估不同算法的效果，并根据测试结果进行调整。社交网络的集成允许用户看到朋友的音乐选择，增加了推荐的社交相关性，同时也为用户发现新音乐提供了新的途径。Spotify 的推荐系统还能够实时响应用户行为的变化，快速更新推荐内容，确保推荐的相关性和时效性。

用户反馈在 Spotify 的推荐系统中扮演着至关重要的角色。系统鼓励用户提供"喜欢"或"不喜欢"等反馈，这些反馈被用来进一步训练和优化推荐算法，形成一个持续学习和优化的反馈循环（见图 6-2）。这不仅使整套推荐系统始终以用户为中心，而且确保了算法能够快速适应用户偏好的变化。

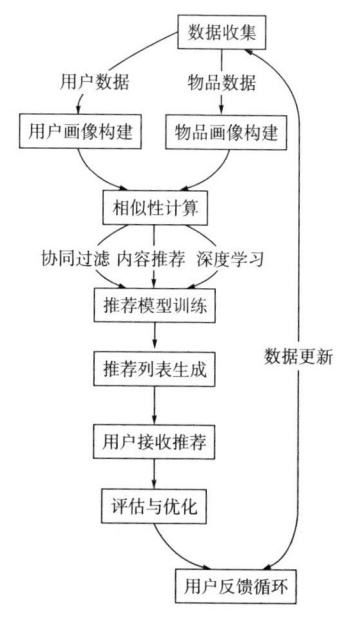

图 6-2 推荐算法示意图

音频叙事的崛起：
有声书产业及智慧数据研究

Spotify 在音乐推荐领域的成功，得益于其精密的算法架构，可以预见，这一架构被迁移到有声书业务中，也将为用户提供同样丰富、个性化且引人入胜的收听体验。数据适应性是迁移过程中的关键，它要求算法不仅要分析用户在音乐领域的互动，还要理解和适应用户对有声书的偏好，这涉及对用户行为数据的深入分析和模式识别。与此同时，特征工程是另一项必须解决的难点。Spotify 需要从依赖音频特征的音乐推荐，转变为更多地利用文本特征和元数据，如主题、情感、叙述风格，以及作者、出版商、流派等信息，来构建有声书的推荐模型。此外，用户行为同步是连接音乐和有声书推荐的桥梁，允许 Spotify 跨领域学习用户偏好，实现更加精准的个性化推荐。上下文感知则进一步增强推荐的相关性，Spotify 的推荐系统需要考虑有声书的收听场景，如通勤、休息或睡前，从而提供与用户当前状态和环境相匹配的内容。另外，内容理解成为 Spotify 推荐有声书时的一大挑战，因为与音乐相比，有声书内容更具丰富性和复杂性，要求系统运用自然语言处理技术来深入分析和理解文本内容。除此之外，序列模型在捕捉用户的阅读进度和模式方面发挥着重要作用，例如 RNN（Recurrent Neural Network，循环神经网络）或 LSTM（Long Short-Term Memory，长短期记忆网络）模型能够帮助系统理解用户对书籍各章节的偏好。在推荐有声书时，系统还需重视多样性和新颖性的平衡，通过探索性推荐策略引入新流派和主题，拓宽用户的视野。用户反馈则是推荐系统优化的宝贵资源，系统可以通过收集用户的评分、评论和收听完成度等反馈，不断调整推荐算法，以更好地满足收听者的实际需求。

Spotify 凭借先进的推荐算法成为全球音乐流媒体行业的领导者，因此，虽然在有声书领域的起步时间并不算长，Spotify 却被行业普遍看好。该公司有声书业务负责人大卫·凯法（David Kaefer）强调："作为世界领先的音乐和播客平台，我们利用一流的个性化服务帮助扩大作者的粉丝群。我们擅长在正确的时间为每个听众推荐正确的音乐,同样也有信心在有声书领域做到这一点。"①

6.3 喜马拉雅平台的 AIGC 技术

AIGC（Artificial Intelligence Generated Content，生成式人工智能），即通过机器学习和深度学习等人工智能技术,模拟人类的创造过程,自动生成各种形式的内容,例如文本、图像、音频和视频。AIGC 技术以其独特的创新能力,正在给音频产业带来深刻的变革,其核心优势在于利用人工智能技术,自动化地生成或编辑音频内容,从而极大地提高内容生产的效率和灵活性。

传统的音频生产主要依赖于专业生成内容（PGC）、用户生成内容（UGC）以及专业用户生成内容（PUGC）模式。PGC 模式下,专业的声音艺术家、编辑和后期制作团队负责创作高质量的音频内容,虽然能够保证内容的专业性和艺术性,但这一过程往往需要大量的时间、人力和资金投入,导致成本高昂且制作周期长。UGC 模式则依赖于用户自己创作和分享音频内容,这种模式能够激发广泛的用户参与和提高内容多样性。但 UGC 内容的质量参差不齐,往往缺乏专业水准的制作和编辑,限制了其在更广泛听众群体中的吸引力和市场竞争力。PUGC 模式结合了 PGC 和 UGC 的优点,由具有一定专业水平的用户或小型团队来创作内容,在一定程度上平衡了内容的专业性和生产成本。然而,PUGC 模式依然面临着资源有限、制作能力不足等问题。

AIGC 技术的引入,为音频产业带来了革命性的变革。它通

---

① 许惟一:《Spotify 能否挑战亚马逊有声书业霸主地位?》,《国际出版周报》,2024 年 1 月 29 日第 1 版。

音频叙事的崛起：
有声书产业及智慧数据研究

过自动化生成或编辑音频内容，不仅能够模拟专业声音艺术家的朗读，还能够根据用户的喜好和行为模式创作个性化的音频内容，甚至在没有人类干预的情况下，创造出全新的音乐、播客或有声书作品。AIGC 技术的应用，极大地提高了内容生产的效率，降低了成本，使得音频内容的生产更加快速、灵活和经济，为音频产业的创新和发展注入了新的活力。

2023 年 6 月，苹果公司在 Apple Books 应用中推出了 AI 讲述的有声书，在业界引起广泛关注。苹果的 AI 有声书为浪漫和虚构类别的书籍提供了四种不同的声音选项，其中"Madison"和"Jackson"适用于虚构题材，而"Helena"和"Mitchell"则适用于非虚构类。配音公司 Voquent 的主管 Miles Chicoine 表示，声音创作者一般每本书的收费在 1000 美元左右甚至更高，而 AI 讲述的成本在 50~100 美元[①]。尽管 AI 讲述在成本上具有明显优势，但 Audible 作为全球最大的有声书平台，对此尚持保留态度，暂时没有推出 AI 讲述的有声书。

相较于海外有声书平台，中国的有声书产业在生成式人工智能的应用上展现出更积极的姿态和更迅猛的发展势头。以喜马拉雅、蜻蜓 FM 等为代表的平台，正在致力于探索 AIGC 技术在音频内容创作中的应用。根据喜马拉雅发布的《2022 年原创内容生态报告》，该平台对于 AIGC 技术布局已久，通过 AIGC 创作的有声书专辑超过 37000 部，AIGC 内容日播放时长超 250 万小时。

在技术层面，喜马拉雅大力投入 AI 基础建设，致力于打造音频领域的 AIGC 模型。2023 年，公司投入研发费用 9.3 亿元，

---

① Jones R：Apple launched AI-narrated books, shaking the audiobook industry and its human voices, https://observer.com/2023/01/apple-launched-ai-narrated-books-shaking-the-audiobook-industry-and-its-human-voices/。

第6章　AI技术与智慧数据在有声书产业的应用案例

占总收入的15.1%，其技术和研发团队人员占员工总数的44.3%[1]。为了促使内容生产从UGC、PGC、PUGC向AIGC延伸，喜马拉雅专门成立"珠峰实验室"，研发出"珠峰音频AI模型"，引入由AI驱动的以用户为导向的"新质生产力"范式，其移动端平均月活跃用户的AIGC渗透率达到14.8%[2]。

友好的创作工具是内容创作生态的重要组成部分，喜马拉雅基于AI技术，为创作者提供了一系列智能易用的辅助工具。比如，平台建立了包含535种合成声音组成的音色库，以适配不同情景下展示人类不同情感的需要[3]。又如，为音频创作者开发了"云剪辑"工具，允许用户无需下载安装即可在线进行剪辑工作，集成了智能音量和智能配乐等功能，是行业首款在线多轨剪辑轻应用，首次实现音频的文字化剪辑。传统的音频剪辑需要从头到尾聆听数小时音频然后进行剪辑，不仅耗时而且效率低下。而"音频转文字剪辑"功能通过AI技术将音频内容转换成文字形式，使创作者能够像编辑Word文档一样进行剪辑，极大地提高了后期制作效率。2024年初，喜马拉雅旗下的AIGC平台"喜韵音坊"升级为一体化创作者工具品牌"音剪"，使用者也从2022年的1.8万人增加至3.1万人。无论是初出茅庐的音频剪辑新手，还是经验老到的平台主播，都可以根据自己的需求选择合适的AI音色进行创作。音剪内置的AI模型可以根据创作者提供的音频素材一键完成问题检测、文字剪辑和智能包装，简化创作者的工作流程，提高创作热情。音剪上线的AI文稿功能，

---

[1] 王超群、李康为：《生成式人工智能驱动下的网络音频产业变革：实践与挑战——以"喜马拉雅"为例》，《中国传媒科技》，2024年第6期，第27页。

[2] 晓东、于俊：《喜马拉雅以AI重构内容生态提升竞争力》，https://www.sh.chinanews.com.cn/kjjy/2024-06-27/125918.shtml。

[3] 晓东、于俊：《喜马拉雅以AI重构内容生态提升竞争力》，https://www.sh.chinanews.com.cn/kjjy/2024-06-27/125918.shtml。

可以有效识别无文稿音频内容，根据上下文内容自动生成文稿；对于已有原始文稿的音频内容，则采用音频文稿对齐技术，将声音和文稿进行时间戳对轨，从而在声音播放的同时，实现对应文字同步高亮，做到声字同步，让用户能更便捷地享受边听边看的内容消费体验[1]。

AI 贯穿于有声书的预录制、录制、后期等全过程，无论是 AI 单独创作，还是与人类共同创作，都体现出惊人的效率。相比于人工创作，AI 的创作时间提效超过 50 倍；而由 AI 制作人有限参与的 AI 精制作，相比于人工创作提效超过 3 倍。在喜马拉雅自研 TTS（语音合成）技术的支持下，创作者一天内可以制作和更新上百集内容。截至 2023 年 12 月，喜马拉雅平台 AIGC 内容达 2.4 亿分钟，占其音频内容的 6.6%[2]。AI 极大地降低了内容创作的门槛，提升了创作效率。

TTS 技术带来的惊喜不仅在于效率的提升和成本的降低，更在于其优秀的音色演绎。不同于普通的文字转语音带有的"机器味儿"，喜马拉雅自主研发的 TTS 技术不仅能够提供接近真人的语音效果，而且能够根据文本内容的需要，智能调整语音的语调、语速和情感表达，让听众几乎无法分辨是真人还是机器在朗读。喜马拉雅智能语音实验室利用这项技术，成功地重现了评书大师单田芳的声音。单田芳先生以其独特的评书风格和声音魅力，深受广大听众的喜爱。他的评书作品如《隋唐演义》《三侠五义》等，至今仍然广为流传。然而，单田芳先生在 2018 年逝世，让许多喜爱他的听众感到遗憾。喜马拉雅通过 TTS 技术，让单田芳先生的声音得以"复活"。在单田芳艺术传播有限责任

---

[1] 王超群、李康为：《生成式人工智能驱动下的网络音频产业变革：实践与挑战——以"喜马拉雅"为例》，《中国传媒科技》，2024 年第 6 期，第 29 页。

[2] 赵东山：《年入超 60 亿，喜马拉雅再次冲击 IPO》，https://finance.sina.com.cn/chanjing/gsnews/2024-06-05/doc-inaxsewe5921122.shtml。

公司的授权下，喜马拉雅利用语音合成技术，完美还原了单田芳先生的声音，并将其应用于多部书籍的朗读中。这些书籍包括新时代流行小说《明朝那些事儿》、武侠小说《江湖消亡史：北平暗夜》、推理小说《无证之罪》，以及单田芳生前未完成的评书《十二金钱镖》等。喜马拉雅的智能语音实验室对单田芳先生的声音进行了深入的研究和开发。他们不仅复现了单老苍劲、沙哑的独特嗓音，还保留了他情感充沛、起伏跌宕的腔调。为了解决评书中韵律变化丰富、口语化发音多的难题，实验室自主设计了韵律提取模块和口音模块，使得 AI 合成音能够完美复刻单田芳先生的评书风格。例如，"这个"中的"这"字，普通话发音"zhè"，但在评书中通常读为"zhèi"。针对单田芳先生评书中区别于标准普通话的发音，团队开创性地设计了口音模块并对这些特殊发音进行了标注，使得单田芳先生 AI 合成音能够原汁原味还原出老味道[1]。喜马拉雅平台以"单田芳声音重现"的账号发布了 80 余部评书作品，总收听量过亿，成功实现让大师的声音在 AI 语音的世界"书接上回"，不仅使传统经典以全新的形式继续传播，也为评书这一非物质文化遗产的传承和发展提供了新的可能性。

喜马拉雅的一大用户群体是儿童听众，《2023 国民收听趋势白皮书》调研显示，超过五成（54.2%）的家长用户每天会让孩子收听儿童内容[2]。针对这一庞大的市场需求，喜马拉雅推出了"AI 换声·爸妈分身"服务。这项服务利用 AI 技术，将家长的声音嵌入儿童故事中，实现了一种全新的亲子共读体验。通过这

---

[1] 顾倍嘉、王益琛：《"原音重现"单田芳背后，AIGC 内容在如何改变音频行业?》，https://www.163.com/dy/article/GKGFJ23S0517RJ8A.html.

[2] 新华社媒体融合生产技术与系统国家重点实验室、喜马拉雅：《2023 国民收听趋势白皮书》，https://www.xdyanbao.com/doc/7c3wjwni3o?bd_vid=7857268863721311546.

种方式，即使父母因为工作忙碌无法时刻陪伴在孩子身边，孩子们也能通过父母的声音感受到亲情的温暖和陪伴。对于用户来说，实现这项功能非常简单，家长只需登录喜马拉雅APP，在"我的"→"全部服务"中找到"儿童服务"下的"爸妈讲故事"，即可进入功能页面开始体验。点击"定制我的专属音色"，然后按照简单引导录制5段文本，每段约1分钟左右。提交录音后，系统将进行AI模型训练定制声音，定制成功后，用户便可在"爸妈讲故事"页面或支持AI转音的专辑中，用自己的声音播讲儿童故事，从而开启亲子共读的独特体验。"AI换声·爸妈分身"服务是喜马拉雅在TTS技术应用上的又一次创新尝试，不仅提升了用户体验，也为亲子教育提供了新的思路，体现了科技的人文关怀。如一位用户所说，"这个产品是人工智能对这个时代忙碌的家长最大的抚慰"[1]。

利用AI技术生成的人工语音不仅能够逼真地模拟人声，甚至能够深度学习语音合成技术，通过创造出全新的音色，为创作者提供前所未有的创作空间，也为用户带来丰富多彩的听觉体验。在原创AI音色的赋能下，一些早期网文作品得到再次翻红的机会。例如，黑岩网旗下的一部网络小说《捡漏》，连载于2017至2021年，长期以来关注度并不高，但因为喜马拉雅运用AIGC将其有声化，这部作品成功地引起市场关注，受到听众欢迎。喜马拉雅使用了四位原创AI音色——喜小道、喜小迪、喜小玖和苏小刀完成了这部有声书的内容制作。用户可以自己选择声音风格，DIY播讲这本有声书。2023年，《捡漏》上线喜马拉雅的"免费畅听"专区，通过AIGC演绎得到了广大听友的热

---

[1] 钟经文：《喜马拉雅儿童推出AI换声·爸妈分身科技创新服务，促进家庭陪伴》，http://caijing.chinadaily.com.cn/a/202312/21/WS658404c8a310c2083e414091.html。

捧，被重新展现和推荐。AIGC技术的这一应用不仅让旧作焕发新生，也进一步拓宽了有声阅读的市场边界，使得更多曾经被边缘化的作品有机会触及更广泛的听众群体。此外，这种技术还为有声书的创作和分发提供了一个低成本、高效率的解决方案，预示着个性化和定制化音频内容服务的未来趋势。截至2023年底，喜马拉雅AIGC内容总时长已超过2.4亿分钟（401百万小时），有超过10部播放量破亿的AIGC有声专辑[①]。

AIGC技术的快速发展和应用，正在全球范围内重塑有声书产业的格局。相较于海外市场，以喜马拉雅为代表的中国有声书平台正以更加积极的方式抢得先机。从实践来看，AIGC不仅极大地丰富了平台的音频内容生态，提供了更多元化、个性化的用户体验，而且通过技术创新，有效降低了内容创作和生产的门槛与成本，提高了制作效率。喜马拉雅通过AI技术的应用，成功实现了声音的数字化重现，让已故艺术家的声音得以"复活"，为传统文化的传承提供了新思路。同时，AIGC技术还为网文作品的有声化开辟了新路径，使得一些早期作品通过AI音色的演绎获得了新生，拓宽了有声阅读的市场边界。喜马拉雅推出的"AI换声·爸妈分身"服务，以及"云剪辑"等智能创作工具，进一步体现了AIGC技术在提升用户体验、降低创作难度方面的巨大潜力。随着AIGC技术在实践中不断成熟，人们有理由相信，有声书产业将向更加智能化、个性化的方向发展，有声书产业的未来将拥有无限可能（见图6-3）。

---

① 马亮：《AIGC助力创作者，喜马拉雅"423听书节"引领有声阅读市场新繁荣》，https://news.qq.com/rain/a/20240423A05JF700。

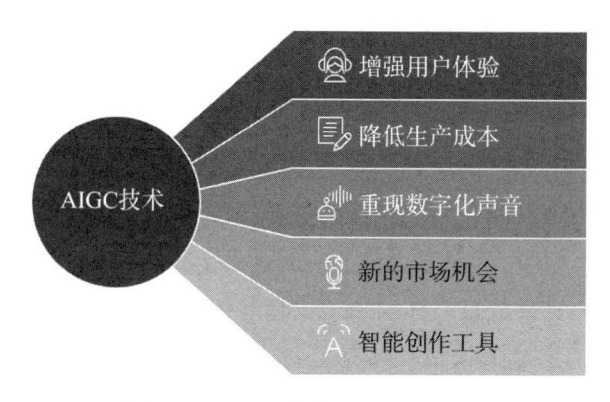

图 6-3　AIGC 技术重塑有声书产业

6.4　科大讯飞的墨水屏有声书

科大讯飞并不是传统意义上的有声书企业，它的核心优势在于人工智能和语音技术领域的深厚积累，以语音合成、语音识别和自然语言处理而闻名。过去，讯飞为人所熟知的应用场景是办公学习，因其流畅的听写转写和翻译功能赢得了众多用户，其智能办公墨水屏产品凭借高效的语音实时转写功能与纸感书写体验，成为会议记录、课堂笔记和资料整理的重要工具。

随着电子书巨头亚马逊的 Kindle 退出中国市场，电子书阅读器领域出现了新的竞争格局，国内厂商纷纷寻求突破，力图在这一市场中占据一席之地。正是在这样的背景下，科大讯飞于 2022 年创新性地为阅读爱好者推出了一款集电子书与有声书于一体的墨水屏智能设备——讯飞有声书，彰显了 AI 技术在提升用户体验方面的潜力。

墨水屏有声书的创新之处首先体现在其独有的 AI 语音技术上。不同于喜马拉雅、懒人听书等内容生产平台，讯飞并不制作真人朗读的有声书，而是利用其先进的语音合成 4.0 技术，通过

第 6 章　AI 技术与智慧数据在有声书产业的应用案例

深度学习算法和自然语言处理技术，成功模拟出接近真人的语音表达方式，用于朗读在线书城的图书与阅读器本地储存的电子书。与一些手机 APP 自带的 AI 朗读功能相比，墨水屏有声书的发音更加真实自然、语气流畅，甚至能够达到以假乱真的效果。用户可以根据自己的喜好选择不同的主播声音和朗读风格（见图 6-4），包括 26 位各具特色的男女声主播，粤语、上海话、四川话、东北话等 11 种方言，两种趣味童声，以及英文、韩文、日文、俄文四种外语[①]。

图 6-4　讯飞墨水屏有声书

内容方面，墨水屏有声书内置了讯飞、当当两大书城，并且兼容微信读书、喜马拉雅等第三方 APP。同时还支持通过微信传输、USB、Wi-Fi、网盘、读写客五种方式导入本地电子书资源，支持绝大部分常见的电子书格式（如 mobi、epub、pdf、doc、xls、txt 等），能够在本地储存上万本图书。打开一本书，点击"听"的功能选项，即可进入 AI 听书界面，按喜好选择声音主播进行朗读。测评显示，虽然是 AI 语音，但音质饱满、效果流畅自然，并带有抑扬顿挫的语气，其真实度、自然度在非真

---

① 汐元：《【IT 之家评测室】讯飞有声书使用体验：阅读爱好者的全天候伴侣》，https://www.ithome.com/0/667/519.htm。

人朗读测评中表现卓越[①]。有用户反馈,自己作为教师,甚至会通过长期收听某款 AI 主播沉稳有力的发声来训练自己,用于改善课堂教学气氛[②]。此外,讯飞有声书内置了新闻及网文模块,支持实时新闻更新和公众号文章的同步,让用户在享受阅读的同时,也能紧跟时事动态,满足信息获取的需求。

  除在语音表现、内容数量、平台开放性等方面具备优势之外,讯飞有声书备受关注的另一大功能是系统自带的智能翻译助手,将科大讯飞的语音实时转写及翻译技术也融合进来。翻译助手支持中文与英文、韩文、日文、法文、俄文、西班牙文六种外语以及藏语、维吾尔语两种民族语言的实时互译,使用时,点击"开始翻译"就可以对环境中的语音进行实时的识别和翻译,几乎无延迟,其输出结果的准确性、可读性也比较高。翻译结果能够中外文一一对应,可以即点即读,如果有需要,也支持将翻译结果导出为文本,实现识别+录音+记录+翻译+存储同步一体化,对于后续的学习和使用非常友好。无论用于会议纪要、课堂笔记还是跨语言交流,这一功能都能极大地提升效率和便捷性。

  在人工智能高度发达的技术背景下,墨水屏有声书的问世,创造性地把电子书和有声书的优点结合起来,以其易携带、高存储、用眼友好的特性与高质量、个性化的语音服务,实现了从"舒服地看"到"舒服地听"之间的无缝切换,成功解决了现代人快节奏生活导致时间碎片化的痛点。用户只要具备阅读意愿,就可以在各种场景下选择适合的阅读方式,随时随地享受阅读乐趣。作为语音技术的行业领先者,讯飞有声书为用户提供了风格各异的主播音色和数量繁多的方言、外语,用户可以根据作品的

---

  ① 汐元:《【IT之家评测室】讯飞有声书使用体验:阅读爱好者的全天候伴侣》,https://www.ithome.com/0/667/519.htm。
  ② 《科大讯飞有声书相对传统墨水屏电子阅读器体验强在哪?讯飞有声书全面解读》,https://zhuanlan.zhihu.com/p/625449165。

属性，随心所欲选择声音和语种，比如用陕西话朗读《白鹿原》，用上海话朗读《繁花》，用英语朗读《傲慢与偏见》，用西班牙语朗读《百年孤独》。这有助于原汁原味地展现作品的语言氛围，帮助读者沉浸式地感受每本书的文字风格，体会不同地域文化的独特韵味和情感色彩，从而大大增加阅读活动的吸引力。而讯飞强大的内置词典功能，又使语言学习者无需借助其他设备就能方便地查询和理解文本中的词汇和表达。便捷的查询方式极大地提升了学习效率，降低了语言障碍对阅读理解的影响，从而获得流畅的阅读体验。尤其是在朗读效果方面，智能断句和自然语流处理技术，让机器朗读不再生硬，而是更加贴近人类的自然朗读习惯。这不仅使得读者的听书体验更加愉悦，也有助于学习者以低成本高效益的方式培养对语言的敏感度，进而提高语言的实际运用能力。

墨水屏有声书的推出，也为出版行业带来了新的启示和机会。它表明，通过技术创新，可以为书籍注入新的活力，拓展其使用场景和受众群体。用人工智能创造的声音"盘活"更多文字作品，所释放的产业潜能是巨大的。在革新阅读方式、加速文化传播以及促进全球知识共享的进程中，这一类富有创意的科技人文产品都将发挥令人惊喜的作用。

第7章 有声书产业发展策略与建议

7.1 技术创新与应用

7.1.1 5G技术与边缘计算

5G技术的高速度、大带宽、低延迟特性为音频数据的即时传输和高清音质提供了强有力的技术支撑。随着5G网络的普及，用户可以无缝享受无损音质的有声书内容，而无需等待长时间的下载。在此基础上，未来的技术创新可以着眼于5G网络与边缘计算的结合，通过在网络边缘部署有声书内容的缓存服务器，进一步减少数据传输的延迟，实现近乎实时的有声书播放体验。

在这一过程中，边缘计算技术的应用至关重要。它允许有声书平台在离用户更近的网络边缘进行数据处理和存储，从而减少数据在传输过程中的时间延迟。同时，边缘计算可以将计算任务分散到多个节点上进行处理，从而减轻服务器的压力，提高服务响应效率。这种分布式的计算模式，使得用户在播放有声书时能够享受到更加迅速和稳定的服务，尤其是在数据传输需求较高的场景下，如高清音质的有声书播放，或将来可能出现的实时互动有声书体验。此外，边缘计算还有助于提升有声书服务的个性化和智能化水平。通过在边缘节点上部署智能分析和推荐算法，平台能够根据用户的收听历史、偏好和行为模式，提供更加精准和个性化的内容推荐。这种智能化的服务不仅能够增强用户的满意度，还能提高有声书内容的分发效率，为有声书平台带来更高的用户黏性和市场竞争力。

这一技术的应用也面临着一系列挑战。首先，边缘计算节点的部署和管理需要大量的资源和技术支持，对于有声书平台来说意味着成本投入的增加。其次，如何确保边缘节点的数据处理和存储安全，防止用户数据的泄露和滥用，也是一个需要重视的问题。此外，随着有声书内容的不断丰富和用户需求的多样化，如何有效地管理和调度边缘节点上的资源，以满足不同用户的需求，也是平台需要考虑的问题。

为了应对这些挑战，有声书平台可以采取以下策略：一是加强与电信运营商和设备供应商的合作，共同推进边缘计算节点的部署和优化；二是建立健全数据安全和隐私保护机制，利用边缘计算的优势在本地处理敏感数据，避免将这些数据传输到云端或其他地方进行处理，从而减少数据泄露和被黑客攻击的风险，确保用户数据的安全[1]；三是利用人工智能和机器学习技术，对用户行为进行深入分析，实现资源的智能调度和管理。

5G网络的高并发、低时延特性和边缘计算的分布式计算能力将有助于音频产业构建起"云—边—端"协同的智慧服务架构。在该架构中，云端承担着大量的计算和存储任务，负责对各类数据进行处理和管理，并将结果返回至边缘端和终端。边缘端则通过部署在离用户更近的位置，提供更加快速的响应和更低的时延。终端则是用户接触到的最后一层，通过APP或其他终端

---

[1] 李晓伟、陈本辉、杨邓奇等：《边缘计算环境下安全协议综述》，《计算机研究与发展》，2022年第4期，第767页。

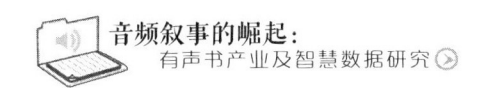

设备与系统进行交互，获取更加高效、便捷的智能化音频内容服务①。

7.1.2 利用人工智能技术进一步提升个性化体验

人工智能技术近年来飞速发展，在音视频等内容领域产生了许多出色的运用。未来有声书产业的发展，可以着眼于利用人工智能技术，进一步提升用户的个性化体验，突出声音的陪伴属性，在"屏幕疲劳"的时代与其他内容产业展开差异化竞争（见图7-1）。

图7-1 利用人工智能技术提升有声书个性化体验

在内容生产方面，平台可以开发交互式创作AI，帮助作者在创作过程中构思情节、角色和对话；通过分析作者提供的关键词或主题，生成故事大纲、角色背景，甚至完整的章节。例如，通过深度学习算法，AI可以学习并模仿著名作家的写作风格，为作者提供个性化的写作建议，以此激发创作灵感、拓宽创意视野并提高创作效率。

同时，利用情感分析技术来优化语音合成，使得AI朗读的

---

① 夏思洋、朱学芳：《5G环境下基于边缘计算的图书馆智慧服务响应能力研究》，《情报理论与实践》，2023年第12期，第21页。

有声书能够根据文本内容自动调整语调和情感表达。这种技术上的突破，可以提升合成语音的自然度和表现力，为用户提供更加人性化的听觉体验，这是有声书产业值得为之努力的另一个重要方向。

另外，在全球化的时代，随着我国文化软实力和文化自信的提升，内容企业的出海不仅是商业扩展的需要，并且在促进文化交流、推动文化多样性发展和全球文化互鉴方面具有深远意义。AI 技术的介入，尤其是实时翻译和同步创作能力，为有声书企业打开了一扇通往全球的大门。字节跳动等企业出海的成功先例，已经为中国内容行业提供了内容本地化和文化适应性调整的经验。通过 AI 的实时翻译和创作，有声书企业能够迅速将优质内容转化为多种语言版本，不仅能缩短内容的上市时间，还能降低翻译成本。在此基础上，利用 AI 根据目标市场的文化特点和听众偏好，对内容进行适当的调整和优化，能够使有声书更符合当地听众的口味。在 AI 技术日新月异的时代，有声书企业应该抓住机遇，尝试内容的全球化传播，在国际市场上占据一席之地，为全球听众提供更加丰富和多元的听觉体验。

在自动推荐领域，AI 技术可以在不断优化内容推荐的基础上，进一步探索声音推荐、情境感知推荐以及跨媒体推荐。开发个性化的声音推荐系统，根据用户的偏好和历史收听数据，推荐特定声音特征的朗读者，如语速、语调、口音等，可以满足用户的个性化收听需求，提升用户忠诚度。而情境感知推荐，则结合用户的地理位置、时间、天气等环境因素，推荐适合当前情境的有声书内容，不仅能提升用户的收听体验，还能增加用户的使用频率。跨媒体推荐涉及用户在不同媒体上的行为，需要在尊重用户隐私和数据安全的前提下取得授权，通过分析用户的行为数据，如阅读的书籍、观看的电影，据此推荐与之相关的有声书，实现跨媒体的内容推荐。这种推荐系统的应用，不仅能够扩大有

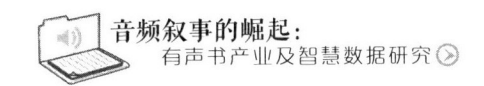

声书的受众群体，还能够促进不同媒体内容的相互转化。

通过不断优化自动推荐系统，有声书产业能够为用户提供更加精准和个性化的服务，从而在"注意力"竞争白热化的内容市场取得优势，为有声书产业开辟新的增长点。

在智能交互方面，AI技术在有声书领域的运用尚存在大量开发空间。众所周知，音频产业的独特优势是解放双眼，使用户免于屏幕疲劳。下一步可利用音频产业在语音领域掌握的先进技术，深入开发智能语音交互功能，进一步"去屏幕化"，以同时解放双眼和双手，是产业展开差异化竞争的有力手段。

目前，智能语音交互设计主要聚焦于提供便捷的语音控制功能，如播放、暂停、跳转等基本操作。然而，随着AI技术的不断进步，未来的智能交互可以更加深入和多样化。可以期待的是，通过训练，AI能够进一步理解用户的自然语言指令，提供更加复杂和个性化的服务。例如，用户可以询问有声书中的特定信息，AI能够理解并提供准确的答案。又如，用户可以要求AI根据当前情绪推荐合适的有声书，AI能够分析用户的需求并做出响应。再如，AI还可以在有声书的播放过程中提供互动式体验。设想用户可以在听书的同时参与到故事情节中，通过语音与故事中的角色进行互动，或者在特定的情节节点做出选择，影响故事的走向，这种互动式体验能够极大地提升用户的参与感和沉浸感。另外，AI技术还可以结合其他传感器和设备，如智能家居系统，为用户提供更加丰富的交互体验。比如，根据用户在家中的活动和环境，智能音箱可以自动调整有声书的播放内容和音量，或者在用户准备入睡时推荐助眠故事。

智能语音交互技术目前正处于快速发展和商用落地阶段，随着深度学习算法的突破，语音识别准确率已经达到98%，从最初的智能手机助手扩展到智能家居、智能办公、智能驾驶等多个场景。未来发展还面临多语种语言互通、复杂场景人机交互和多模态虚拟世界等挑战①。随着智能语音交互技术的不断成熟，未来的有声书将不仅仅是一种被动的收听方式，而是一种全新的、互动性强的智能体验。

7.2 有声书产业版权挑战与对策

7.2.1 有声书产业的版权挑战

有声书作为数字阅读领域的新兴产品，其版权保护面临着前所未有的挑战。在数字化时代，有声书的产业链变得极为复杂，涉及多个利益相关方，包括但不限于原始文字作品的版权持有者、音频制作公司、发行平台，以及最终的消费者。每一环节都可能成为版权保护的潜在风险点，尤其是在跨地区、跨国界的版权交易中，法律差异和文化差异使得授权过程更加复杂②，增加了版权管理的难度。

在版权保护的实际执行中，证据提取与内容比对的困难尤为突出。有声书的内容通常包括朗读文本、背景音乐、音效等多种元素，这些元素的组合使得版权作品具有独特的表现形式。当发生侵权行为时，如何准确提取证据、进行有效比对，成为保护版权的一大难题。侵权内容的多样性和隐蔽性，以及技术手段的不断更新，使得传统的版权保护手段面临着一系列新的挑战。

维权成本的高昂也是版权保护中的一个难题。对于权利人而言，法律诉讼不仅耗时耗力，而且往往赔偿金额与实际损失不成比例。这种不平衡使得许多权利人在面对侵权行为时，可能会选

---

① 韩鑫：《突破核心技术，做强语音产业》，《人民日报》，2022年1月5日第17版。
② 谭建宏：《突破有声版权保护困境的法治路径》，《出版发行研究》，2020年第3期，第57页。

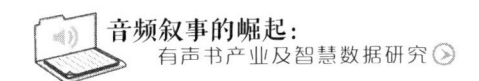

择放弃通过法律途径维权，从而助长了侵权行为的蔓延。此外，网络平台的间接侵权问题也日益凸显。在互联网时代，网络平台成为有声书传播的主要渠道，但同时也可能成为侵权行为的温床。平台的责任界定、监管责任以及侵权内容的及时处理等问题，都是当前版权保护中亟待解决的问题。

7.2.2 人工智能创作物的版权问题

在Web1.0时代，内容生产主要由专业机构或个人（PGC）主导，版权主体相对明确。进入Web2.0时代，用户生成内容（UGC）和专业用户生成内容（PUGC）成为主流，版权所有者多为用户或用户与签约公司共有。而在Web3.0时代，人工智能生成内容（AIGC）的出现，使得版权所有者的身份变得复杂且具有争议[1]。智能算法和智能机器是否能成为版权所有者，以及它们生产的内容是否具有独创性，是目前讨论的焦点。

一方面，有观点认为人工智能创作物因其独创性而应被授予版权[2]；另一方面，也有声音指出，由于人工智能本身不具备"人类作者"的身份，其创作物的权利归属应当有所区别[3]。目前，关于人工智能创作物的版权归属，主要集中在人工智能使用者或设计者、人工智能投资者以及人工智能所有者之间。而关于人工智能创作物的版权保护现状，虽然一些国家和地区已经开始探讨如何调整现有的版权法律框架以适应人工智能创作物的特点，但整体上，现行的版权法律体系仍然面临着如何有效保护人

---

[1] 王超群，李康为：《生成式人工智能驱动下的网络音频产业变革：实践与挑战——以"喜马拉雅"为例》，《中国传媒科技》，2024年第6期，第31页。

[2] 梁志文：《论人工智能创造物的法律保护》，《法律科学（西北政法大学学报）》，2017年第5期，第156页。

[3] 杨柳：《人工智能作品的版权归属问题研究》，《法制与社会》，2020年第15期，第49页。

工智能创作物的挑战。

因此，在 AIGC 作品的认定过程中，核心问题在于智能算法和机器生产的内容是否具备独创性。生成式人工智能生产的内容往往依赖于自然语言处理、情感分析、语义角色标注等技术，人类在内容生产中的参与主要体现在算法模型设计、数据输入和生成引导等环节。同时，用于训练 AI 的数据是否获得了版权所有者的授权，往往难以验证。我国现有法律对独创性的标准较为模糊，导致了主观论和客观论两种解释模式的出现。主观论认为，作品应体现作者的个性特征和创造力，而人工智能生成的内容未能展现这些特点，因此不具有独创性。客观论则认为，只要内容呈现出与其他作品相异的独特理念和思考，便认定没有涉及剽窃等行为，满足了独创性的标准[①]。

欧美国家由于版权的严格限制，在 AIGC 的应用上相对谨慎，国内有声书产业则处于"边发展边治理"的灰色地带。但版权归属的不确定性为其商业化和法律保护带来了显著风险，不仅可能导致创作者和投资者的权益受损，还可能抑制产业的创新动力，进而影响整个数字内容产业的健康发展。因此，AIGC 版权问题的明确化已成为推动产业可持续发展的关键议题。

7.2.3 对策与建议

有声书产业和人工智能创作物（AIGC）的版权挑战是一个复杂而多维的问题，需采取一系列综合性的对策，从立法、技术、市场和国际合作等多个层面入手（见图 7-2）。

---

① 蔡琳、杨广军：《人工智能生成内容（AIGC）的作品认定困境与可版权性标准构建》，《出版发行研究》，2024 年第 1 期，第 67 页。

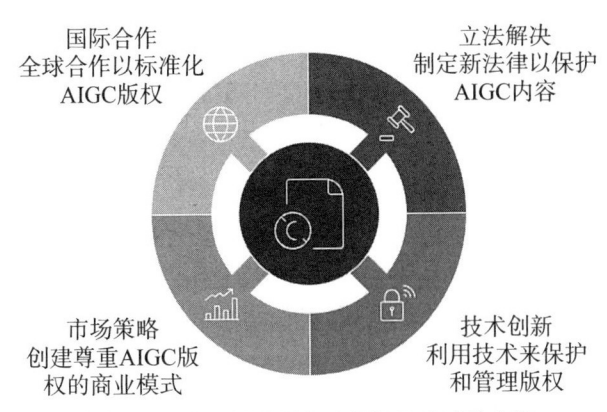

图7-2 人工智能创作物版权问题对策建议

立法层面上，应当加强对有声书版权保护的立法工作，明确各方的权利和义务，简化授权流程，降低版权交易的复杂性。同时，提高违法赔偿金额，以法律的威慑力保护创作者的权益。此外，完善"避风港"规则，确保平台在未尽到审查义务时能够承担相应的法律责任，同时为平台提供明确的指导和责任限制[1]。

技术层面上，可以利用区块链技术建立透明的版权管理系统，追踪版权信息，确保授权的清晰和交易的安全[2]。智能监控系统的开发和部署，可以自动识别和过滤侵权内容，减少侵权行为的发生。同时，加强对用户的版权教育，提高公众的版权保护意识，并提供技术工具帮助用户识别和举报侵权内容。

市场层面上，鼓励行业内的自律与合作，共同制定关于版权保护的标准和指南，明确各方的权利和义务。就共享数据达成合作，如共享关于侵权行为的数据和信息，以便更有效地识别和处理侵权行为。此外，建立行业标准，促进平台之间以及平台与版

---

[1] 张平：《人工智能生成内容著作权合法性的制度难题及其解决路径》，《法律科学（西北政法大学学报）》，2024年第3期，第18页。

[2] 赵双阁、李亚洁：《区块链技术下数字版权保护管理模式创新研究》，《西南政法大学学报》2022年第1期，第75页。

权持有者之间的合作，提高版权保护的效率。

在国际合作层面上，我国可以借鉴国际上有声书著作权保护方面的成熟经验。例如，美国在录音作品的立法保护、知识共享等方面的做法，为有声书产业的版权保护提供了有效的法律框架和实践指导。国内的政策法规应注重与国际标准的对接，同时考虑到国内有声书产业的特点和需求。

对于AIGC的版权问题，需要重新审视现有的版权法律框架，探索适应人工智能创作物特点的版权保护机制[1]。一方面，可以考虑将AIGC单独作为新的作品类型进行保护，明确其版权归属和保护路径。另一方面，采用人工智能作品版权信托制度进行保护，确保AIGC的版权得到合理分配和管理。在AIGC作品的认定过程中，应当综合考虑独创性、审美意义、价值宗旨、技术逻辑这四个要素[2]，对AIGC的作品属性进行全面考量。同时，通过构建配套的可版权性认定标准，采用分类化的认定模式，来回应海量AIGC内容的现实定性与立法完善的紧迫需求。

回顾中国有声书产业发展，在2010年左右各平台纷纷涌现的初创阶段，市场竞争主要集中于用户基础的扩张和市场份额的抢占，而对于版权的重视程度相对较低，导致了一定程度的内容同质化现象。2014—2016年，版权意识开始觉醒，各大平台纷纷通过获取独家版权来构建自己的护城河。正是在这个关键时期，中国有声书产业的发展步入了快车道，为后续的知识付费热潮奠定了基础。随着生成式人工智能技术的融入，中国有声书产业迎来了创新的发展机遇，同时也对版权保护提出了新的议题，需要从立法、技术、市场和国际合作等多个层面探讨和解决，为

---

[1] 张平：《人工智能生成内容著作权合法性的制度难题及其解决路径》，《法律科学（西北政法大学学报）》，2024年第3期，第18页。

[2] 蔡琳、杨广军：《人工智能生成内容（AIGC）的作品认定困境与可版权性标准构建》，《出版发行研究》，2024年第1期，第74页。

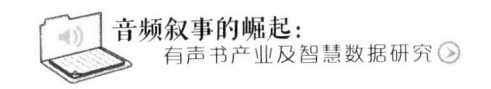

AIGC背景下的有声读物出版、发行以及市场交易等版权新业态提供制度规范与支撑。

7.3 智慧数据建设的关键问题

7.3.1 重视元数据基础建设

在有声书产业的智慧数据构建中，元数据的基础建设起着至关重要的作用。元数据，即描述数据的数据，在传统目录学中，出版物的元数据主要指作者、题名、出版社、出版日期等基本属性，它们对于内容的组织、检索和推荐至关重要。在互联网时代，元数据的内涵和功能都有必要扩展。举例来说，用户行为的数据如评分、收听人次、评论量等，为理解用户偏好、优化内容推荐和提升用户体验提供了关键线索。因此，本书第4章专门论述了互联网时代有声书元数据的优化方案，包括四个层次：内容及形式属性层（题名、封面、主题、语种等）、知识产权层（作者、朗读者、出版者等）、外部属性层（发布日期、类型、格式等）、用户行为层（评分、访问量、评论量等）。

在智慧数据的系统构建中，元数据的功能体现在多个方面。它不仅用于改善用户的发现和访问体验，还用于优化内容推荐算法，提高营销和分发策略的有效性。例如，在内容及形式属性层中，元数据中的题名、封面、主题和语种等信息，可以帮助用户快速识别和定位感兴趣的有声书内容，这些信息的丰富性和准确性直接影响到内容的可发现性。知识产权层的元数据，如作者、朗读者和出版者等信息，对于维护版权和追踪作品的授权链至关重要。在数字版权管理（DRM）中，这些元数据确保了内容的合法使用和版税的准确分配。同时，知名作者或朗读者的信息，也是吸引用户选择某个有声书的重要因素。外部属性层的发布日期、类型、格式等信息，为有声书的分类和组织提供了基础。这些信息使得平台能够根据用户的偏好和行为模式，将新发布的作品或特定类型的有声书推荐给目标用户群体。此外，格式信息如音频质量、是否支持离线收听等，也是用户选择有声书时考虑的因素，对提升用户体验具有直接影响。用户行为层的元数据，是用户与有声书内容互动时产生的数据，如评分、访问量、评论量等，是动态变化的数据。虽然在传统意义上，这些数据并不直接属于元数据范畴，但在智慧数据系统中，这些数据对于理解用户偏好、优化内容推荐和提升用户体验至关重要，对于用户同样具有参考价值，因此可适当选取部分元素呈现在用户可见的目录中，而将更多数据用于后台计算分析。

元数据的质量提升对于实现数据价值至关重要，而数据质量的提升离不开元数据标准的制定和实施。一个统一和标准化的元数据系统能够确保数据的一致性和互操作性，使得不同来源和格式的数据能够无缝集成和得到分析。针对这个目标，本书提出了利用都柏林核心元素集（DC）建立有声书元数据标准的方案供业界探讨。该方案在参考国际标准基础上，结合了中美有声书头部平台的实际调研结果，尝试具备规范性和通用性，兼顾简单与精准，可复用、可扩展，力求实用。

元数据建设是智慧数据生态系统的地基，它对于提升数据质量、优化用户体验和支持决策制定具有不可替代的作用。有声书产业必须重视元数据的标准化，落实质量管理，以确保数据生态的良性发展。通过不断优化元数据的收集、组织和应用，有声书产业可以更好地满足用户需求，创造更大的商业价值和社会效益。

7.3.2 构建以用户为中心的数据生态系统

在有声书数据系统中，资源的描述性元数据反映了作品的基础信息，如作者、题名、主题等，这些信息固然重要，但并不能全面反映用户与内容之间的动态联系。为了实现资源的活化利用，提升推荐系统的精准度，另一个关键在于构建一个以用户为中心的数据生态系统，实时捕捉并分析用户的多样化行为，从而优化内容推荐，满足用户的个性化需求。

根据用户数据的来源和用途，可以将其分为用户行为日志、用户反馈、用户互动和用户画像四大类。用户行为日志包括播放历史、暂停点、重复收听的章节等，这些数据通过平台后台系统自动搜集，为理解用户的收听习惯和偏好提供了直接证据。用户反馈则涵盖了用户的评论、评分和分享行为，这些反馈通过网络爬虫技术、自然语言处理等技术进行搜集，它们不仅丰富了用户行为的维度，还提供了用户情感倾向和社交影响力的重要指标。用户互动数据则涉及用户在平台上的搜索历史、浏览行为、下载记录等，这些数据反映了用户的兴趣点和寻找特定内容的行为，购买和订阅行为数据揭示了用户的消费习惯和付费意愿。用户画像数据是基于用户行为和偏好构建的，包括人口统计学特征、兴趣爱好、生活方式等，这些数据有助于平台为用户提供更加个性化的服务。同时，设备和应用使用数据、地理位置数据、时间模式数据等，为平台提供了用户技术偏好、地理位置和活跃时段等信息，这些信息对于提供地域化内容推荐和优化用户体验至关重要。

在这个数据仓库中，数据的深度分析处理涉及一系列复杂的技术实现。首先，利用数据挖掘技术，如聚类分析和关联规则学习，可以从用户行为日志中提取出模式和趋势，这些技术帮助系统理解用户的行为序列，识别出常见的收听习惯，以及用户对特定内容的偏好。其次，情感分析技术，特别是基于机器学习的自然语言处理方法，能够对用户的文本反馈进行深入分析，从而评估用户对有声书内容的情感反应，不仅包括正面或负面评价的识别，还涉及更细微的情感状态，如满意度、兴奋度或失望感。此外，深度学习模型，如卷积神经网络（CNN）和循环神经网络（RNN），在处理大规模数据集和识别复杂模式方面表现出色。这些模型能够从用户反馈中学习，以提高推荐系统的性能。

构建知识图谱是另一个关键的技术实现，它涉及将用户行为数据与作品的元数据、内容标签、作者信息等进行关联。知识图谱通过将分散的数据点连接起来，形成一个丰富的语义网络，使得推荐系统能够提供更加丰富和准确的内容推荐。这种方法不仅能够增强用户画像的深度，还能够揭示用户与内容之间的潜在联系，有助于为用户提供更加精准的个性化服务。

以用户行为为中心的数据生态系统（如图7-3所示）不仅能够提升用户体验，还能为内容创作者提供宝贵的市场反馈，用于指导创作。同时，对于平台运营商而言，这个系统还能优化运营策略，提高内容分发的效率，实现商业价值的最大化。

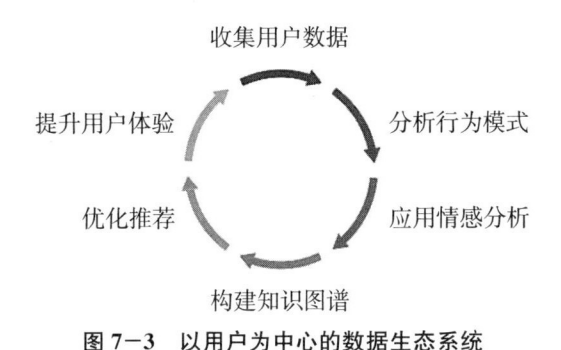

图7-3 以用户为中心的数据生态系统

7.3.3 智慧数据建设中的伦理问题及对策

随着人工智能技术的不断成熟，数据采集手段变得日益多样化，我们正步入一个由算法和机器学习推动的新时代。数据是一种宝贵的资源，是推动有声书产业创新的核心动力。同时，数据的广泛采集和应用也导致数据伦理风险日益凸显。总体而言，数

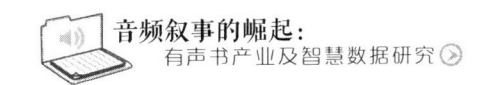

据滥用带来的侵权风险、隐蔽采集导致的用户信息安全危机以及自动推荐系统可能导致的信息茧房，构成了有声书产业智慧数据建设中的三大伦理问题。

2023年1月，苹果公司悄然在Apple Books应用中上线了一系列由人工智能技术生成、播讲的有声读物，后遭到由美国音频业务巨头Findaway公司联合业内诸多主播发起的谴责，认为苹果公司收集他们的播音样本用于培训人工智能，可能涉嫌版权侵权[①]。这类问题的根源在于，TTS语音合成技术可以轻易模仿任何人的声音，制作出以假乱真的音频内容。一旦这些技术及数据被不当使用，就可能侵犯到原创作者的版权，损害其合法权益，并引发行业焦虑。

针对数据和人工智能技术的不当使用造成的侵权危机，技术层面的保护和法律层面的约束同样重要。添加音频数字水印是一种有效的技术手段，它能够在音频内容中嵌入不可见的标识，用于追踪和识别音频的来源，从而保护版权所有者的利益。这种水印技术能够在不降低音质的前提下，为每一段音频提供一个独特的"指纹"，即使音频内容被非法复制或分发，也能够追溯到原始的创作者和版权持有者。另一个被普遍提倡用于版权管理验证的手段是区块链技术，区块链的去中心化和不可篡改的特性，使得每一次交易和授权都能够被公开记录和验证。在这样的系统中，有声读物的版权信息、交易记录和授权使用情况都能够被透明地记录在区块链上，任何未经授权的使用行为都能够被迅速识别和制止。这不仅可增强版权保护的力度，也可为版权交易提供更加安全和便捷的环境。在法律层面上，应明确声音的采集许可授权制度，并明确后续使用的权限细则。数字音频作品的创作与

---

① 程辉、刘松弢、李武：《作为新质生产力的技术创新驱动：AI 2.0时代有声出版产业链建设现状、挑战及对策》，《出版发行研究》，2024年第6期，第50页。

传播，应根据内容、创作者和声音进行授权分割，合理界定传播平台的著作权保护义务，避免中间环节出现侵权现象。对于已经完成的数字音频作品，应优化音频著作权的授权许可制度，分别强化著作权人、录音制作和传播平台等各个环节对著作权的授权管理①。

随着内容平台个性化服务的普及，隐蔽采集导致的用户信息安全危机成为另一隐患。一方面，平台为了实现个性化的精准推荐，需要收集用户的收听习惯、偏好等数据。另一方面，如果过度摄取和隐蔽采集，则会造成信息安全隐患和信任危机。为应对这一挑战，需要增强数据收集和处理的透明度，明确告知用户哪些数据将被收集以及如何使用、如何保护这些数据。目前，各平台告知环节的透明度和易懂度普遍较低，复杂的技术术语和冗长的法律条文，提高了用户理解的门槛，客观上制造了信息不对等。为了提高告知的有效性，平台可以采用图形化、视觉化的方式呈现信息，如使用图表、图标和动画来解释数据收集的目的和使用方式。此外，通过交互式的设计，如弹出提示、引导式问答等，让用户在实际操作中了解他们的数据如何被使用，增强用户的参与感和控制感。同时，平台应该提供易于访问的隐私设置选项，让用户能够轻松管理和调整自己的隐私偏好。这些设置应该不仅易于找到，而且操作简单直观，让用户能够快速地做出选择，而不需要进行复杂的操作。在告知环节的设计中，还应考虑到用户的阅读耐受力，避免过长的文字描述或过多的信息堆砌。突出关键信息，使用清晰的标题和小节，以及提供"详细阅读"的链接供用户进一步了解，可以在不牺牲信息完整性的前提下，减少用户的认知负担。为了减少告知环节的隐蔽性，平台应在用

---

① 李雅筝、刘宇星：《AIGC技术赋能数字音频内容生产：应用场景、存在问题与应对策略》，《数字出版研究》，2023年第3期，第18页。

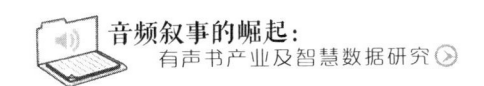

户注册、登录或使用服务的关键节点上明确提示，确保用户在使用服务前有机会了解并同意相关的隐私政策。这种主动的、及时的告知方式，有助于建立用户的信任，同时也符合数据保护的法律要求。

信息茧房效应是"大数据加算法"时代蕴含的另一危机。在有声书产业的智慧数据建设中，自动推荐系统作为提升用户体验的重要工具，其设计初衷是通过分析用户的历史行为和偏好来推送相关内容，以此增加用户的黏性和满意度。然而，这一系统也可能带来信息茧房现象，即用户被限制在自己兴趣范围内，难以接触到更广泛的信息和观点，从而可能导致视野狭窄和认知偏差。信息茧房现象的产生，部分原因在于推荐算法的自我强化特性。系统根据用户的历史数据不断优化推荐内容，使得推荐结果越来越贴合用户的已知偏好，而忽视了用户探索新领域的需求。长此以往，用户可能会陷入一个由相似内容构成的闭环中，难以突破个人兴趣的局限，这不仅会限制用户获取新知的机会，也可能固化用户对世界的认知和理解。当用户只接触与自己既有观点一致的信息时，可能会不断加强已有的信念，而忽视或排斥不同的观点，在社会层面上可能加剧群体间的对立和冲突。这种现象在社交媒体和新闻推荐中尤为明显，有声书行业同样需要警惕这一风险。为了突破信息茧房的困境，有声书平台需要重新审视和调整推荐算法的设计。算法应引入多样性机制，确保推荐内容不仅限于用户已知的兴趣，还要包括一些新颖和多样化的信息。这可以通过调整算法参数、引入随机性或探索性因素来实现，鼓励用户探索未知领域。同时，平台可以提供用户对推荐内容的反馈机制，允许用户对推荐结果进行评价和调整，使系统能够根据用户的反馈进行学习和优化，提高推荐的准确性，增加用户对推荐系统的控制感。与此同时，用户自身的信息素养提升和公共教育加强也至关重要。个人应积极培养批判性思维，不仅仅依赖于算法推荐，而是养成主动探索的习惯，提升搜索技能，学会从多个角度寻找和审视信息，不局限于个人偏好所引导的内容"喂养"。此外，公共层面包括教育机构、媒体和公益组织，也应承担起提高公众信息素养的责任，鼓励多元化的内容交流，共同营造一个开放和包容的信息环境。

  人工智能技术的发展和智慧数据的不断优化，给有声书产业带来了宝贵的机遇，但同时也需警惕技术过度赋能引发的伦理危机。技术的不当使用可能侵犯创作者的版权，挤占专业从业者的生存空间，还可能损害用户的隐私权，引发用户对平台的信任危机，而算法的自我强化可能导致信息茧房效应，构成对阅读价值的消解。未来的发展方向应当是在技术创新与伦理责任之间寻找平衡，确保技术的发展能够服务于产业长期的健康发展，促进社会的文明进步（见图7-4）。

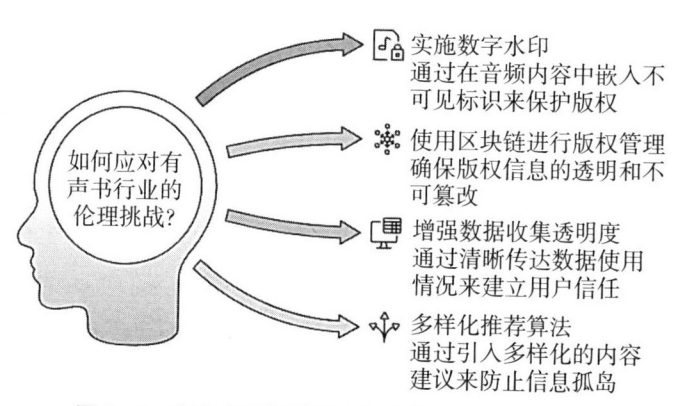

图7-4　有声书智慧数据建设中的伦理挑战及对策

第 8 章　结论与展望

8.1　研究总结

8.1.1　音频叙事的崛起标志着阅读风气以新的方式回归

人类"听书"的历史由来已久,20 世纪初录音技术的发明,促成了现代有声书的诞生。随着技术的进步,有声书经历了从早期的广播、唱片、磁带到现代的数字音频文件的演变。数字时代的到来,尤其是互联网和移动设备的技术升级,极大地促进了有声书的传播和普及。在这个信息量爆炸、媒体对人们视觉注意力的争夺达到白热化的时代,有声书以其解放眼睛、支持多任务多场景使用、有助于利用碎片时间等优点,成为人们青睐的学习和休闲方式。有声书产业的崛起标志着阅读风气以新的方式回归,对于促进全民阅读、倡导终身学习有着积极而重要的意义。

8.1.2　中美两国成为比肩的有声书大国,发展各具优势

早在 20 世纪 30 年代,英美国家为盲人制作的有声书诞生之初,中国人就开始关注这一新生事物,许多报刊对有声书的技术原理、国外最新进展进行了介绍和报道。抗战期间广播剧盛行,

是中国有声书的雏形，广播形式的故事、评书、长篇小说、广播剧等有声内容的影响持续了多年，伴随几代人的成长。中国的有声书产业初创于20世纪80—90年代，成长于21世纪初，2010年左右随着技术发展涌现了一批互联网有声书平台，2016年之后进入发展快车道，迎来多元创新与繁荣增长，中国由此成为与美国比肩的有声书大国。

  接近一个世纪，美国一直是有声书产业的领跑者。近年的统计数据表明，中国的有声书市场规模与美国接近，用户基数已经超过美国，产业预测中国将在近期取代美国，成为世界第一有声书大国。不同的文化基因和社会土壤，影响着中美有声书各自的内容特色和市场偏好，美国听众倾向于忠实原著的无删节长时段内容，中国听众青睐具有"说书"风格的、短平快的知识普及类产品。美国的传统出版社普遍重视有声书业务，纷纷成立专门的有声部门，积极布局内容的有声转化，在有声内容的版权谈判中占据优势。中国的出版社在有声书产业的参与度较低，更多采取与音频平台合作或版权转让的方式，近年来也涌现出一批在有声书产业表现活跃、打造自己品牌的图书出版社。美国有声书产业的经营主体和出版方式比较多元，版权保护制度成熟，以PGC专业生产内容为主要模式。中国音频平台发展迅速，早期有大量的UGC非专业用户生产内容，随着市场成熟，逐渐代之以PGC和PUGC生产模式。在对AI技术的利用上，中国平台更为积极，AIGC是未来的一大趋势。与美国相比，中国的有声书产业起步较晚，在版权制度、出版社参与程度、出版经营模式、市场规范度与成熟度等方面还存在种种差距，但在用户规模、增长活力和创新多元性方面又有着独特的优势。

8.1.3　有声书元数据需建立规范通用的标准

  有声书的繁荣带来了海量数据增长，而关于有声书元数据的

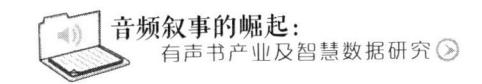

研究相对滞后。元数据质量与用户体验密切相关，在很大程度上影响着产业长远发展，因此有必要构建一个相对规范、通用的有声书元数据著录方案。对比中美两大头部有声书平台喜马拉雅和Audible的元数据，可发现Audible的目录较为简洁规范，便于用户检索；而喜马拉雅的目录在诸如作品作者、朗读者、语种等重要元素上存在著录标准不一致或疏漏现象。参照都柏林核心元素集（DC）标准，以及关联数据化趋势，音频的文本来源、内容的时空关联等因素都应当在元数据中有所体现，从而有利于纸电声资源互操作、信息可视化展示等应用，因此无论国内外，有声书的元数据组织还存在进一步规范以及优化完善的空间。本书依据国际通用的网络资源元数据标准——都柏林核心元素集，参考中美主流有声书平台的元数据现状，尝试为有声书建构了一个包含23个著录元素、4个功能层次的元数据著录方案，兼顾简单与精准，可复用、可扩展，力求实用。

8.1.4 AI技术驱动的智慧数据系统将推动有声书产业实现资源价值最大化

AI技术驱动的智慧数据系统正成为推动有声书产业实现资源价值最大化的关键力量。这一系统通过整合先进的语音识别和自然语言处理技术，不仅提高了语音到文本转换的准确性，而且使计算机能够更加自然地理解和生成人类语言。这些技术的应用极大地提升了有声书内容的自动生成和优化能力，从而优化了生产效率和用户体验。在个性化推荐系统方面，AI技术通过深入分析用户的行为和偏好，提供定制化的内容推荐，不仅增强了用户的参与度和忠诚度，而且通过协同过滤、内容推荐和混合推荐算法，显著提高了推荐的准确性和相关性。智能交互技术，如智能助手和聊天机器人，利用自然语言理解和生成技术，提供交互式服务。这些系统通过模拟人类对话，提供查询应答和任务执

第8章 结论与展望

行，能够提升用户体验和业务效率。

智慧数据是大数据的高级形态，在 AI 技术的支持下，系统能够从大数据中提炼出有价值的信息。智慧数据的生成依赖于语义丰富化，构建语义链接，并支持推理。在有声书行业，智慧数据的应用有助于个性化服务、内容推荐和市场分析，优化运营策略。

面对有声书产业的内容质量、营销模式、用户界面设计和数据隐私安全等挑战，智慧数据的计算与分析能够提供更加有针对性的解决方案。通过深度学习和自然语言处理技术，智慧数据系统能够分析用户行为和偏好，从而指导内容创作，优化广告推送策略，改进用户界面设计，并建立更加完善的数据管理体系，有效解决行业痛点。在内容创作方面，AI 技术通过分析用户数据，为创作者提供市场趋势和用户需求洞察，帮助他们创作出更受欢迎的内容。在营销模式上，智慧数据系统通过用户行为分析，实现个性化营销和精准广告投放，减少用户骚扰，提升品牌形象。在用户界面设计上，智慧数据的应用有助于理解用户操作习惯，优化界面布局和交互逻辑，提升用户体验。同时，智慧数据在数据隐私和安全方面的应用，通过加强数据加密和安全防护，确保用户信息的安全，增强用户对平台的信任感。

随着人工智能技术的不断进步，智慧数据在有声书产业的应用正在推动这一领域实现资源价值的最大化。AI 技术的应用涵盖了从数据采集与整合、知识表示与本体建构、语义理解与内容挖掘，到知识发现与决策支持的全流程。在数据采集与整合阶段，AI 技术能够高效地处理和分析来自不同渠道的大量数据，包括用户行为数据、内容元数据和市场反馈等。通过数据融合技术，这些数据被清洗、标准化和转换，形成一个统一、动态更新的数据仓库，为后续分析打下坚实基础。知识表示与本体建构阶段，AI 技术帮助构建有声书行业的本体模型，明确内容的分类、属性和关系，形成一个有组织的知识体系。这样的模型不仅有助于人们更好地理解和组织数据，而且为语义理解和内容挖掘提供了结构化的框架。在语义理解与内容挖掘阶段，自然语言处理（NLP）技术的应用使得计算机能够深入分析有声书内容，提取关键信息，理解用户的意图和偏好。情感分析技术可以识别用户对内容的情感倾向，帮助平台评估内容的受欢迎程度，并为内容创作者提供反馈。在知识发现与决策支持阶段，机器学习算法从海量数据中识别模式和趋势，为有声书平台的决策提供科学依据。这些分析结果不仅能够为个性化推荐提供支持，还能够为有声书的创作和生产提供指导，推动行业的创新发展。

近年来，有声书产业在 AI 技术浪潮和智慧数据的不断升级发展中，涌现出许多令人惊喜的功能和创新产品，大大提升了用户体验。例如，亚马逊的 Whispersync for Voice 技术通过云同步技术，实现了 Kindle 电子书与 Audible 有声书之间的无缝切换和阅读进度同步，使用户在不同设备上都能获得一致的体验。Spotify 通过其个性化推荐算法，利用机器学习技术不断优化推荐结果，使用户能够发现并享受更符合个人口味的音乐和有声书内容。喜马拉雅平台积极开发和利用 AIGC 技术，不但成功"复活"已故艺术家声音，成功翻红早期网文作品，并且提供了"爸妈分身"的定制化朗读服务，还为有声书创作者开发了"云剪辑"等智能化创作工具。科大讯飞的墨水屏有声书则结合了先进的语音合成技术，提供了多达 26 位朗读主播和 11 种方言听书选项，以及实时翻译功能，为用户提供了全天候的听阅陪伴。

随着技术的不断演进，AI 驱动的智慧数据应用预计将为有声书产业带来更多创新服务模式和增长机会，实现资源价值的最大化，并为用户带来更加丰富和个性化的听觉体验。

8.1.5　技术革新、版权保护与数据治理并进，引领有声阅读新纪元

有声书产业的持续增长和健康发展，离不开行业内部对一些关键问题的共识和良性的外部法律政策环境。技术创新、版权保护和数据治理是关系到行业长远利益的核心议题，值得重视与探讨。

技术创新是产业发展的驱动力。未来，5G技术和边缘计算技术的结合，将为有声书的即时传输和高清音质提供技术支撑，使用户可以无缝享受无损音质的内容。同时，人工智能技术的应用，正推动有声书行业进入一个新的发展阶段。未来可进一步开发交互式AI辅助内容创作工具，通过深度学习算法分析作者提供的关键词或主题，自动生成故事大纲和角色背景，甚至能够模仿著名作家的风格来激发作者的创作灵感，从而提高创作效率。语音合成领域还可以利用情感分析技术继续优化，使AI朗读的有声书能够根据文本内容自动调整语调和情感表达，从而提供更加人性化的听觉体验。AI技术的实时翻译和同步创作能力，还将为有声书企业打开通往全球的大门。通过AI的实时翻译和创作，有声书企业有望迅速将优质内容转化为多种语言版本，缩短内容的上市时间，降低翻译成本。在自动推荐领域，AI技术可以在不断优化内容推荐的基础上，进一步探索声音推荐、情境感知推荐以及跨媒体推荐。智能交互技术在有声书领域的运用尚存在大量开发空间，例如在现有的智能控制如播放、暂停、跳转的基础上，训练AI进一步理解用户的自然语言指令，为用户提供特定查询、场景化推荐和角色互动等更加丰富的交互体验，通过语音互动的"去屏幕化"优势，与其他内容平台展开差异化竞争。

版权保护是有声书产业亟须解决的问题。数字时代的版权难

题主要包括授权环节的复杂性、证据提取与内容比对的困难、维权成本的高昂以及网络平台的间接侵权问题。随着技术的发展，侵权行为变得更加隐蔽和多样，给版权保护带来了新的挑战。在人工智能创作物的版权问题上，版权归属和保护路径尚不明确，这为商业化和法律保护带来了风险。为了应对这一挑战，需要从立法、技术、市场和国际合作等多个层面入手，加强版权保护的立法工作，利用区块链技术建立透明的版权管理系统，鼓励行业内的自律与合作，以及借鉴国际上有声书著作权保护的成熟经验。

在智慧数据建设中，元数据的标准化和质量管理是基础，它对于提升数据质量、优化用户体验和支持决策制定具有关键作用。有声书行业的元数据不仅包括传统的目录学属性，还应扩展到用户行为数据，如评分、收听人次和评论量等，这些数据对于理解用户偏好、优化内容推荐和提升用户体验至关重要。构建以用户为中心的数据生态系统，通过实时捕捉和分析用户行为，可以优化内容推荐，满足个性化需求。用户数据可以分为用户行为日志、用户反馈、用户互动和用户画像四大类，这些数据通过数据挖掘、情感分析和深度学习等技术进行深度分析处理，构建知识图谱，形成丰富的语义网络，提供精准的个性化服务。与此同时，智慧数据建设中的伦理问题不容忽视，包括数据滥用侵权风险、隐蔽采集导致的用户信息安全危机以及自动推荐系统可能导致的信息茧房。为应对这些挑战，需要采取技术保护和法律约束措施，如音频数字水印和区块链技术，以及明确声音采集许可授权制度。平台应提高数据收集和处理的透明度，明确告知用户数据收集的目的和使用方式，并提供易于访问的隐私设置选项。此外，推荐算法应引入多样性机制，鼓励用户探索未知领域，同时提升用户的信息素养和公共教育水平，共同营造开放和包容的信息环境。技术创新与伦理责任之间的平衡是确保技术发展服务于产业长期健康发展和社会文明进步的关键。

8.2 展望

现代有声书产业多年来一直保持着较高增长率，展望未来，随着数字化阅读习惯的普及和音频技术的进步，全球有声书市场预计将继续保持增长态势。特别是在移动互联网和智能设备的推动下，有声书的可及性和便利性不断提高，预计用户基础也将进一步扩大。尤其是在年轻群体中，有声书作为一种新兴的阅读方式，越来越受到欢迎。人工智能、5G、物联网等技术的发展十分有利于有声书产业的持续革新。尤其是AI语音技术的进步，使智能语音越来越接近自然人声，并且提供各种风格选择，为用户带来更加流畅逼真和丰富的听觉体验。可以预见，未来有声书产业整体的生产成本将因此降低，产能得到进一步释放。

与此同时，有声书产业对声音人才的需求仍然旺盛，无论AI语音技术如何发达，独具魅力的真人演播者赋予作品的艺术品位和情感价值仍然难以取代。无论中外，一部作品使用全明星演播阵容带来的号召力无疑是巨大的，美国有声界有自己的"奥斯卡"——奥迪奖，中国也有自己国宝级的声音艺术家。有声书发展方兴未艾，市场需要孕育出越来越多明星级的演播者。根据艾媒咨询的数据，中国新兴声音职业中人才缺口最大的是音频直播，人才缺口约1000万；其次是有声书演播，人才缺口约800万[①]。声音相关的职业技能培训也将是产业未来的发展方向。

随着中国有声书产业的逐渐成熟，在全球化和数字化趋势的推动下，一些有声书企业开始寻找出海机会。例如，有声书内容

---

① 艾媒产业升级研究中心：《2022年中国声音经济数字化应用发展趋势报告》，https://www.iimedia.cn/c400/91728.html。

生产商书阅（Lazy Joy）公司成立于 2020 年，其创始人曾在 2016 年建立亚马逊 Audible 中文频道。书阅的创业目标是打造一个全球版的喜马拉雅，向全球用户提供国际有声书和电子书[①]。有声书出海的难点主要在于大量版权的获得、较高的制作成本以及内容本地化，而机会则在于避开被主流有声书产品覆盖的 iOS 用户，将 Android 用户作为主要目标群体。通过与华为阅读、字节跳动等平台合作，展开差异化竞争，中国有声书有望在全球有声书市场中占据一席之地。

除了传统出版物的有声开发，原创有声书是中外平台共同追求的发展方向。文学、戏剧类向来是有声书产业的内容主流，除此之外，中国有声书在人文通识普及、个人提升、生活健康等题材领域具有活跃的创新力和受众市场，积累了具有特色的内容开发经验，未来也具有广阔前景。知识产权保护对产业的健康发展至关重要，在版权意识和版权细分的专业化方面，已有国外成熟的经验可供借鉴，也越来越引起国内有声书行业的重视，中国市场也将日益走向规范化和专业化。

展望未来，有声书产业仍将面临诸多挑战，如内容质量的提升、市场细分的深化、技术应用的创新等。但无论怎样变化，"听书"作为一种古老而又复兴流行的阅读方式，其价值和魅力将一直伴随人类的生活。从牙牙学语的幼儿到视力衰退的老人，从渴求知识的学生到行色匆匆的上班族，有声书帮助读者打破了时空、智识水平、身体因素等限制，使阅读变得灵活而自由。在倡导全民阅读与终身学习的社会，有声书将更加多元兴盛、不断创新、蓬勃发展。

声音的力量，永不止息。

---

① 《规模将超百亿美金的有声书市场，正有出海厂商尝试突围》，https://m.thepaper.cn/baijiahao_17244578。

参考文献

图书：

叶阳. 有声书平台用户使用行为影响因素模型构建与实证研究[M]. 武汉：武汉大学出版社，2022.

期刊：

王永杰. 美国有声书业纵览[J]. 中国出版，2007（3）：54－56.

王睿. 浅述欧美有声书产业的发展情况[J]. 中国编辑，2017（7）：68－73.

严楚. 技术赋能下猫耳FM广播剧及其网络社群特征分析[J]. 中国广播，2022（3）：27－30.

张永旭. 数字光盘30年发展史回顾[J]. 记录媒体技术，2009（6）：7－14＋19.

冯闻文. 以耳代目：早期有声书的发明及其在中文世界的回响[J]. 出版科学，2022（1）：108－113.

刘家思，刘璨. 上海现代抗日广播剧文学研究[J]. 绍兴文理学院学报（哲学社会科学），2015，35（5）：25－34.

马瑞. "声音的空间"：国民党中央广播电台的救亡广播剧（1935—1937）[J]. 日本侵华南京大屠杀研究，2019（3）：126－137＋142－143.

宋剑华. 关于"红色经典"概念的"具指性"问题[J]. 当代作

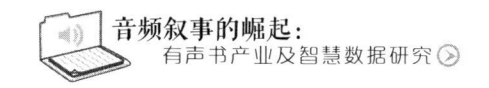

家评论，2023（3）：48-57.

郭楠. 我国有声读物市场研究［J］. 编辑之友，2009（2）：22-24.

常晓武. 我国有声读物的市场空间［J］. 编辑之友，2004（4）：30-32.

余思乔，何子杰. 从广播长书到有声阅读：传统广播有声读物的数字化转型思考［J］. 南方传媒研究，2023（2）：65-71.

黄婷婷. 播客，实现广播传播新形态——以荔枝FM为例［J］. 新闻研究导刊，2015，6（18）：171-172.

魏克军. 我国5G商用进展综述［J］. 信息通信技术与政策，2019（9）：69-71.

周文婷，刘莹. 科技赋能出版新业态：生成式出版的内涵特征、实践进路与发展反思［J］. 出版广角，2024（3）：70-74.

朱娟，李永发. 美国有声书产业发展现状及对我国的启示［J］. 科技与出版，2019（3）：47-51.

张远帆. 从欧美的发展历程看中国有声书市场的可能性［J］. 出版广角，2016（20）：23-25.

庄廷江. 美国有声书出版与发行模式探析［J］. 出版发行研究，2017（2）：89-92+105.

王昇，张晓菲. 播客与有声书驱动下的国际数字音频行业发展趋势研究［J］. 视听界，2024（1）：38-43.

李建飞，蒙胜军. 出版社提升有声书经济效益的路径探析［J］. 科技与出版，2021（3）：157-163.

吴申伦. 适应平台经济：我国有声书产业现状与发展研究［J］. 编辑之友，2022（1）：17-24.

刘茜芸. 数字有声读物产业中的版权保护风险与应对研究［J］. 科技与出版，2021（1）：123-129.

盛昌银. 都柏林核心元数据——网络信息资源组织的新标准

[J]. 现代图书情报技术，2003（1）：44-47.

林远红. 人工智能应用图书编目前景展望［J］. 内蒙古科技与经济，2021（5）：129-130+134.

胡石，章毅，陈芳，等. 基于 HMM 模型语音识别系统中声学模型的建立［J］. 通讯世界，2017（8）：233-234.

周向红，邓新荣，黄万来. 大模型与推荐系统开启个性化推荐新篇章［J］. 上海信息化，2024（9）：35-38.

李杰，杨芳，徐晨曦. 考虑时间动态性和序列模式的个性化推荐算法［J］. 数据分析与知识发现，2018，2（7）：72-80.

赵丽娜，张盼. 智能助理机器人系统 AIML 语言处理分析［J］. 科技视界，2019（16）：56-57.

吴宇，吴闻宇. 智能家庭场景下语音用户界面交互设计研究［J］. 工业设计，2019（1）：140-141.

范炜，曾蕾. AI 新时代面向文化遗产活化利用的智慧数据生成路径探析［J］. 中国图书馆学报，2024，50（2）：4-29.

李宗俊，范炜. 面向智慧数据的语义丰富化方法及应用评述［J］. 情报科学，2021，39（7）：186-192.

周睿，孙杉，费凌峰. "全民阅读"背景下移动有声阅读的用户体验探析［J］. 创意设计源，2020（6）：16-21.

韩生华，郑东和，李易蓉. 可用性理论视角下有声阅读 APP 用户体验及发展策略探析［J］. 中国出版，2023（6）：24-29.

陈曦，宫承波. 智能出版视野下有声读物内容的四个"供给侧"［J］. 出版广角，2019（16）：24-26.

刘一鸣，谢泽杭. 基于用户体验蜂巢模型的有声知识胶囊场景发展研究［J］. 视听界，2020（6）：42-46.

伍园园，赵田歌，冯杰勋，等. 用户体验视角下的音频知识付费平台主要缺陷与应对策略研究［J］. 声屏世界，2020（4）：100-102.

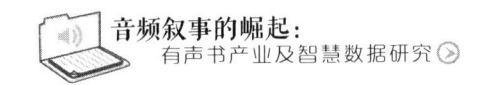

吕颖莉. 蜻蜓 FM 短音频的用户体验研究 [J]. 新闻研究导刊, 2021, 12 (5): 23-24.

王超群, 李康为. 生成式人工智能驱动下的网络音频产业变革: 实践与挑战——以 "喜马拉雅" 为例 [J]. 中国传媒科技, 2024 (6): 26-32.

梁玉华. 音频平台 AIGC 模式探析 [J]. 全媒体探索, 2023 (6): 104-105.

李晓伟, 陈本辉, 杨邓奇, 等. 边缘计算环境下安全协议综述 [J]. 计算机研究与发展, 2022, 59 (4): 765-780.

夏思洋, 朱学芳. 5G 环境下基于边缘计算的图书馆智慧服务响应能力研究 [J]. 情报理论与实践, 2023, 46 (12): 21-27+51.

谭建宏. 突破有声书版权保护困境的法治路径 [J]. 出版发行研究, 2020 (3): 57-61.

梁志文. 论人工智能创造物的法律保护 [J]. 法律科学 (西北政法大学学报), 2017, 35 (5): 156-165.

杨柳. 人工智能作品的版权归属问题研究 [J]. 法制与社会, 2020 (15): 49-50.

蔡琳, 杨广军. 人工智能生成内容 (AIGC) 的作品认定困境与可版权性标准构建 [J]. 出版发行研究, 2024 (1): 67-74.

张平. 人工智能生成内容著作权合法性的制度难题及其解决路径 [J]. 法律科学 (西北政法大学学报), 2024, 42 (3): 18-31.

赵双阁, 李亚洁. 区块链技术下数字版权保护管理模式创新研究 [J]. 西南政法大学学报, 2022, 24 (1): 75-85.

程辉, 刘松羿, 李武. 作为新质生产力的技术创新驱动: AI2.0 时代有声出版产业链建设现状、挑战及对策 [J]. 出版发行研究, 2024 (6): 30+46-53.

李雅筝, 刘宇星. AIGC 技术赋能数字音频内容生产: 应用场景、存在问题与应对策略［J］．数字出版研究，2023，2（3）：13-20．

学位论文：

钱芳玲．美国有声书产业研究［D］．南京：南京大学，2021．

完颜双双．中美有声书平台比较研究［D］．南京：南京大学，2017．

报告：

新华社媒体融合生产技术与系统国家重点实验室，喜马拉雅．2023国民收听趋势白皮书［R/OL］．（2023-12-29）［2024-12-25］．https：//www.xdyanbao.com/doc/7c3wjwni3o?bd_vid=7857 268863721311546．

艾媒大文娱产业研究中心．2020年中国有声书行业发展趋势研究报告［R/OL］．（2020-01-01）［2024-12-25］．https://www.iimedia.cn/c400/75882.html．

艾媒产业升级研究中心．2022年中国声音经济数字化应用发展趋势报告［R/OL］．（2023-02-20）［2024-12-26］．https：//www.iimedia.cn/c400/91728.html．

管小红．2023年中国有声读物行业发展全景洞察：市场蓬勃发展，望成为下一个出版产业蓝海的风口［R/OL］．（2023-01-01）［2024-12-25］．https：//www.chyxx.com/industry/1154439.html．

黄海琪．2021年中国有声阅读行业概览［R/OL］．（2022-03-02）［2024-12-25］．https：//www.leadleo.com/report/details?id=601b5e674ae5a3379d35dc1a．

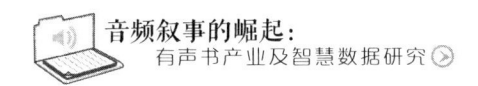

报纸：

韩鑫. 突破核心技术，做强语音产业［N］. 人民日报，2022-01-05（17）.

徐永倩. 美国有声书销售额连续11年增长［N］. 出版商务周报，2023-07-09（24）.

窦新颖，李思靓. 有声阅读：有版权声音才能传更远［N］. 中国知识产权报，2018-08-03（9）.

陆云. 中国2022年将成为有声书第一大国［N］. 中国出版传媒商报，2020-08-14（16）.

司南. 最新美国有声读物市场数据发布［N］. 出版商务周报，2021-07-11（31）.

白辑瑞. 美国有声读物市场规模达16亿美元［N］. 出版商务周报，2022-07-24（23）.

许惟一. Spotify能否挑战亚马逊有声书业霸主地位？［N］. 国际出版周报，2024-01-29（1）.

渠竞帆. 海外出版商创意发掘有声书市场［N］. 中国出版传媒商报，2021-12-03（9）.

电子资源：

练小川. 从留声机到数字下载，有声读物是如何走到今天的？［EB/OL］.（2023-12-25）［2024-12-25］. https://www.thepaper.cn/newsDetail_forward_1884793.

李静涵. 有声读物：版权让声音传得更远［EB/OL］.（2021-11-11）［2025-12-25］. https://www.sohu.com/a/502488146_121124708.

晓东，于俊. 喜马拉雅以AI重构内容生态提升竞争力［EB/OL］.（2024-06-27）［2024-12-25］. https://www.sh.chinanews.com.cn/kjjy/2024-06-27/125918.shtml.

赵东山. 年入超 60 亿，喜马拉雅再次冲击 IPO[EB/OL].（2024－06－05）[2024－12－25]. https://finance.sina.com.cn/chanjing/gsnews/2024－06－05/doc－inaxsewe5921122.shtml.

顾倍嘉，王益琛. "原音重现"单田芳背后，AIGC 内容在如何改变音频行业？[EB/OL].（2021－09－22）[2024－12－25]. https://www.163.com/dy/article/GKGFJ23S0517RJ8A.html.